受 浙江大学文科高水平学术著作出版基金 资助
中央高校基本科研业务费专项基金

社会科学方法论
跨学科的理论与实践译丛

丛书主编 应 奇

社会科学的观念及其与哲学的关系

[经典文库版]

The Idea of a Social Science and Its Relation to Philosophy

[英] 彼得·温奇（Peter Winch）◎著

张庆熊 等◎译

ZHEJIANG UNIVERSITY PRESS
浙江大学出版社

图书在版编目(CIP)数据

社会科学的观念及其与哲学的关系:经典文库版 /
(英)彼得·温奇(Peter Winch)著;张庆熊等译.
—杭州:浙江大学出版社,2016.8(2018.4 重印)
(社会科学方法论:跨学科的理论与实践译丛/应奇
主编)
书名原文:The Idea of a Social Science and Its
Relation to Philosophy
ISBN 978-7-308-15914-2

Ⅰ.①社… Ⅱ.①彼… ②张… Ⅲ.①社会科学—哲
学理论 Ⅳ.①C02

中国版本图书馆 CIP 数据核字(2016)第 116247 号

浙江省版权局著作权合同登记图字:11-2016-133 号

社会科学的观念及其与哲学的关系(经典文库版)

[英]彼得·温奇 著　张庆熊等 译

丛书策划	王长刚
责任编辑	吴伟伟 weiweiwu@zju.edu.cn
责任校对	杨利军　仲亚萍
封面设计	卓义云天
出版发行	浙江大学出版社
	(杭州市天目山路 148 号　邮政编码 310007)
	(网址:http://www.zjupress.com)
排　　版	浙江时代出版服务有限公司
印　　刷	浙江海虹彩色印务有限公司
开　　本	710mm×1000mm　1/16
印　　张	9
字　　数	121 千
版 印 次	2016 年 8 月第 1 版　2018 年 4 月第 2 次印刷
书　　号	ISBN 978-7-308-15914-2
定　　价	48.00 元

尽管道德行为出现在如此不同的时代和如此不同的民族中,从其自身观察,它仍然保持同一。这样的说法虽然不错,但是同样的行为并不一定拥有同样的名称,而把一个不同于原有的时代和人群所习惯了的名称强加给他们,这也是不公正的。

莱辛(Gotthold Ephraim Lessing):《反格策》(*Anti-Goeze*)

总　序

　　主要由马克斯·韦伯的同名工作确立其卓著声誉和研究传统的社会科学方法论问题，其学理层面的渊源其实应当追溯到新康德主义者在一个多世纪之前对于自然科学与精神科学之异同的方法论辨析，而其规范层面的驱动力则是由早期现代性向晚期现代性过渡中呈现的社会科学地位问题所折射出来的现代社会对于社会和人之想象的转换。就这个研究传统在 20 世纪下半叶的展开而言，从实证主义向后实证主义的转变是特别值得重视的，正是这个转变及其产生的持续效应，不但破坏了人文科学和自然科学之间固有的、本质主义的区分，而且推动了社会科学之研究逻辑从聚焦于行动、理由和原因到聚焦于规则、合理性和说明的转化。如果说，后实证主义转变所促成的历史和实践的转向已经把社会科学置于当代科学认识论和科学哲学的中心，那么居今而言，社会科学方法论这个本是由跨学科的问题意识所衍生的理论问题本身却已经泛化成了一种跨学科的实践，一个只有通过与社会科学的合作才能完成的计划。

　　社会科学方法论这个论题下的著述，国内学界多年来一直都不乏关注，例如，新康德主义者李凯尔特的《文化科学与自然科学》，韦伯的《社会科学方法论》，温奇的《社会科学的观念及其与哲学的关系》,都已经有了中译本,有的还不止一个译本。但是迄今为止,还没有一套大型的译丛,能够按照这个研究传统本身的脉络,系统地呈现其发展演变至今各个阶段和流派最有代表性的著作。本译丛将紧紧围绕这个论题的跨学科特质,甄选以下三个层次或方向上的重要著述,请国内学有专长的成熟译者精心翻译成中文出版:一是在元理论层次的工作,我们将遴选近百年来社会科学方法论上的经典之作,同时将把目光投注于当代最前沿的工作;二是跨学科意识和方法论在某一门或若干门具体人文社会科学中得到集中体现的成果,例如行为主义与后行为主义之于政治学形态的变化,理性选择理论之于社会学和经济学的适用性,交往行动理论在伦理学和法学上的运用;三是具体的跨学科实践,这方面的重点将是那些无论在方法论上还是在规范含义上都具有示范作用的具有广泛影响的个案研究。

目前入选的著作旨在集中展现后实证主义转向对社会科学方法论问题的塑造性影响,这是长期以来国内西学译介中的一个巨大盲点。从理论基础而言,后实证主义发端于 20 世纪 50 年代美国哲学家奎因对于经验论之两个教条的著名批判,而其基本的理论信条实际上可以追溯到维特根斯坦的后期哲学。这种转变明显地影响到了社会科学方法论的探讨路径,例如目前几乎已经成为经典作品的温奇的《社会科学的观念及其与哲学的关系》就是把维特根斯坦的后期哲学观念推广到社会科学方法论研究上的一个典范。就社会科学哲学这个领域而言,温奇的著作得风气之先。正是在上述转向和潮流之下,社会科学方法论这个理论问题本身逐渐衍化成了一种跨学科的实践,这不仅是指,后实证主义所传递的方法论意识迅速辐射和渗透到各学科例如伦理学、政治学、经济学研究当中,超越和突破了实证主义的藩篱和局限;而且是指,社会科学方法论问题(其核心部分就是所谓社会科学哲学)本身成了凝聚和整合跨学科研究成果的一个平台。

多年来,浙江大学在跨学科研究上做出了持续的投入,也获得了相当的声誉。得到浙江大学文科高水平学术著作出版基金的支持，目前设计的这个译丛既真实地反映了我们对于跨学科研究之重要性的认识，也希望能够自觉地回应已经蓬勃开展的跨学科实践。更为重要的是，我们还试图通过这个译丛努力呈现跨学科理论与实践背后真实的问题意识，使得社会科学方法论这个看似边缘的论题成为人文社会科学最新进展的聚焦点；同时也将通过这个译丛自身的立意、宗旨和品质，塑造和确立它在国内蓬勃开展的西学译介事业中的独特地位。

应　奇

2016 年 3 月

中译本译者序

20世纪初,西方学者在社会研究方法问题上出现两条相对立的思路:一条是以狄尔泰为代表的生命哲学—历史主义的思路,另一条是以孔德、斯宾塞、穆勒为代表的实证主义思路。

按照第一条思路,自然科学与社会科学根本不同,自然现象重复发生,没有自由意志,因而可量化和预言;社会现象则不同,社会是一个生命体,社会的发展与人的意识分不开,人类的历史不重复,因而不可预言。据此,狄尔泰把科学分为两类,一类为自然科学,另一类为精神科学,明确指出自然科学的研究方法是"说明",精神科学的研究方法是"解释"。狄尔泰发展了现代社会科学中广泛使用的解释学方法。

按照第二条思路,社会科学为取得进步,必须采用自然科学的方法,即实证的方法。孔德、斯宾塞之后,逻辑实证主义掀起了一场拒斥形而上学的运动。马克斯·韦伯则从正面建构社会科学的研究方法,他提出了价值中立原则,在社会统计资料基础上构想说明社会功能的理论模型,并用这种模型做出一定程度的预言,然后再检验其说明社会现象的功效。

生命哲学—历史主义—解释学的方法和实证主义的研究模式都

取得了部分的成功和遇到各自的问题。

英国哲学家彼得·温奇(Peter Winch)在1958年发表了《社会科学的观念及其与哲学的关系》。该书没有提到狄尔泰,但涉及狄尔泰所研究过的"理解"与"说明"的关系的主题。该书所主张的社会研究的方法表现出一种把以上提到的第一条思路和第二条思路相结合的趋向。温奇主张,对社会的研究既要"说明"(explanation)又要"理解"(understanding)。单讲理解,很难适应社会学等学科研究的要求。另一方面,社会学等学科的主要研究对象是在生活中进行理解的人及其相互关系,因此,离开对理解的探讨也是不行的。温奇不使用狄尔泰的"精神科学"和"自然科学"的划分法,而使用"社会科学"和"自然科学"的划分法。他没有对什么是社会科学做确切的界定,但从其行文看,是指"社会学"、"经济学"、"政治学"等;他所特别着重考察和批判的社会科学的研究方法是由穆勒、涂尔干、韦伯所发展的社会学的方法。

穆勒、涂尔干所强调的是"说明";韦伯则区分了"因果性的说明"和"解释性的理解",并注意到社会学的研究要兼顾这两者。但按照温奇的看法,韦伯所关注的理解和说明之间的关系的要点与他所关注的这两者间关系的要点很不相同。人们当然可以说:说明与理解紧密关联,理解是说明的目标和成功的说明的最终产物。但温奇指出:"我们不能由此得出这样的结论:理解只有在已经存在说明的地方才存在。"(参阅本书"第二版序")在不存在"因果性"等说明的地方,理解也是存在的。"理解"不仅关系到某种说明的理论,而且关系到"遵循规则"、"标准"等,而"遵循规则"、"标准"等又必然涉及"生活形式"、"行为方式"、"社会体制"、"习俗"、"习惯"、"文化传统"等。理解不仅是一个理论问题,而且还是一个实践的问题。相对于说明的理论的那种理解只是理解中的一种形式,也许是较为次要的形式,而与"遵循规则"、"标准"等相关联的理解才是理解的主要形式,并且这后一种理解的形式是不依赖于说明的理论而存在的。

说明的理论本身是建立在应用标准的基础上的,是在一定的生活形式中提出来的,是需要被有着既成的理解的人接受的。"说明之所以被称为说明,仅当存在着,或至少被认为存在着理解中的缺陷之处。于是,必须要有某种标准才能度量这种缺陷,而这样的标准只能是我们已经拥有的理解。进而,我们已经拥有的理解是表达在概念中的,而概念构成了我们所关心的题材的形式。另一方面,这些概念也表达了应用它们的人的某些方面的生活特征。"于是温奇得出这样的结论:"除非存在某种不是说明的结果的理解的形式,否则说明之类的东西就是不可能的。"(参阅本书"第二版序")

温奇的这一论证使人想起狄尔泰等欧陆哲学家所倡导的有关"理解要以前理解为前提"的论断。不过,温奇所走的不是欧陆的"生命哲学"、"解释学"的路线,而是沿着维特根斯坦的语言分析哲学的路线出发的。后期维特根斯坦论证,语言总是与生活形式结合在一起,存在着种种不同的生活形式和与之相应的"语言游戏",因此为要获得对研究对象的理解,就要深入到研究对象本身的生活形式中去,用当事人自己的语言游戏来说明当事人自己对其语词的理解。温奇在此基础上区分"内部关系"和"外部关系",主张理解必须在内部关系中进行,并以此挑战实证主义的外部观察的方法,特别是社会学中普遍采用的功能主义方法的有效性地位。功能主义的方法假定,尽管局外人不知道局内人的语言,但可以观察局内人的行为和社会结构,设想他们的社会功能,并从这种功能出发说明他们行为的意义。现在如果肯定温奇的这一基本立场是理解的前提的话,那么就必须承认局外人不可能真正理解局内人,功能主义的方法有严重局限性。

在社会科学研究方法中引进"语言的维度",是一种理论创新。这一理论创新的源头应该说是维特根斯坦,但温奇较早地发挥这一维度在社会科学研究中的意义,并较为详尽地批判了涂尔干、韦伯等人的方法的缺陷。温奇的《社会科学的观念及其与哲学的关系》一发表,就引起一场大争论。这场争论其中还涉及文化交流的可能性问题:

(1)适用于一切生活形式和文化形态的普遍语言是否可能？或有没有可能建立一种价值中立的、客观的科学语言，以此研究各种不同的生活形式和文化形态？

(2)用一种与其特定的生活形式和文化形态相关联的语言表达另一种生活形式和文化形态是否可能？如用现代西方社会中的语言正确地表达原始部落的生活方式和文化形态是否可能？

(3)如果采取一种折衷的立场，即主张由于语言不同，表达不可能完全准确，误解不可避免，但鉴于文化交流事实上还在进行，用某一种语言表达人类历史上的各种文化现象的著作还在出版，那么什么是减少误解、促进相互理解的有效的方法呢？

温奇的论述，容易使人产生这样一种印象：由于理解必须在内在的关系中进行，即必须在语言游戏之内，因此必须在亲自参与语言游戏的过程中学会和知道如何遵循规则，才能理解该语言游戏。那么既然在各文化形态中的人的语言游戏各不相同，跨文化的理解就是不可能的。甚至在同一个民族中，由于"科学是一种模式，宗教是另一种模式，它们都有属于自己的特殊的理解标准"(参阅本书第四章第1节)，在这两个领域中的人的相互理解似乎也是不可能的。

温奇自称他的立论以维特根斯坦的后期哲学为基础，但他的观点不等于就是维特根斯坦的观点。事实上，不同的人阅读维特根斯坦的著作，可能会得出很不相同的结论。维特根斯坦的后期哲学，就其对当代社会科学的观念和研究方法而言，产生两方面的影响：一方面是对文化多元主义和价值相对论的影响，有人还把这种影响称为后现代主义的主要特征；另一方面是对强调交互共识的交往理性学说的影响。前者从后期维特根斯坦有关语词的意义与生活形式相关的理论中推出如下看法：既然价值观念与文化形态相关，而且文化形态又各不相同，那么只能有多元主义的价值观，而不可能有普遍有效的价值观念。后者探讨，在两种不同的生活形式、语言游戏中的人的对话和互相理解将遵循什么样的途径和会对双方的生活形式和语言游戏产生什么样的影响。

温奇的这部著作,从其实际影响来看,属于前者。某些对温奇的批评者认为温奇的立论隐含两个前提:(1)社会阐释之语言,应当就是(或至少应当包括)当事人(agent)自身的语言;(2)当事人的自我理解应当被视为不可修正的。而这两个前提会使得社会科学的研究成为不可能。因为如果真是这样的话,那么当我们面对的是一个没有类似于我们的社会阐释之实践的原始社会的话,用这个社会的语言去建立我们对它的阐释性说明,就几乎是一件不可能的事情了。

确实,要理解对方,如果有条件的话,最好深入到对方的生活形式中去,观察对方的行为,学习对方的语言,按照对方的思想方式设身处地体认对方。但是这种参与,也意味着添加了对方的语言游戏中的成分,会对对方的语言游戏产生影响,甚至会导致改变对方的语言游戏中的规则。语言游戏本身就是动态的,游戏的规则也不是一成不变的。人在语言游戏中遵循规则,也在语言游戏中改变规则。当事人的自我理解不是不可修正的,未见得自己对自己的理解就一定正确,自我往往通过他人对自己的看法而重新定位。中国人有时阅读外国人描写中国文化特征的著作时感到,别人对自己文化的优缺点有时比自己看得更清楚。因此没有必要把捕捉对方的自我理解的纯净状态作为寻求理解的首要任务。对话,社会研究,尤其是有关社会研究的著作的发表和阅读,不仅会影响到我们对对方的理解,而且会影响到我们对自己的理解,甚至会改变各自的生活形式和语言游戏。两种不同系统的人之间的对话,在理解对方的系统的同时也产生系统间的"交涉作用",会导致各自的系统的改变、分化和重新整合。或者换一种方式表达,对话的"场",文化交流的"场",是动态的"场",我们彼此立足于这个"场"进行交流,在对话和文化交流的过程中改变彼此立足的"场"。

温奇发表这本书时还很年轻,他当时意气风发地宣称"在两条战线上作战",一大群有名望的社会科学家成为他的批判对象。30 多年后,即在 1990 年该书出第二版时,他写下"第二版序",显得谦和多了。他承认该书的许多论证有不完善之处,说了不少过头话,引起误解,所以需要对其中的很多提法加以限定,但他仍然坚持该书的核心思想和论证的基本构架是正确的。我觉得正如他在序中所提到的,该书在否定性的方面,即在反驳别人的观点时相当有力,而正面发挥自己的主张时较为薄弱。

我第一次注意到这本书时已是 2001 年。那年,德国波茨坦大学哲学系系主任 Hans Schneider 教授来复旦大学讲学,他提议把温奇的《社会科学的观念及其与哲学的关系》和查尔斯·泰勒的《精神科学中的理解与阐释》作为他主持的研讨班的材料。我当时要求参加这个研讨班的硕士研究生把它们翻译出来,以便上课时容易理解。参与温奇的书的翻译的学生有:张缨、郁喆隽、曾誉铭、徐英瑾、张磊、宗成河。后来上海人民出版社的秦建洲编辑注意到我们在网上公布的译稿,并为该书联系购买版权。考虑到原译稿不是为准备出版用的,疏漏之处不少,我和张缨花了很多时间对此做校订和重译。我想参加过这次研讨班的学生一定会为该译稿得以出版而高兴。该书的英文本自 1958 年初版至 2001 年已经重印过 18 次,我指望它 46 年后姗姗来迟的中译本也能激起中文读者的浓厚兴趣。

张庆熊

2004 年 6 月 29 日

第二版序

我谢绝出版社邀请我为本书的再版做修订的邀请,绝非是我希
望它逐字不改地原封保留。在本书初版 30 多年后,说其无可修改是
难以置信和不讨好的。但是修改现存的本子要求我的心境重新转回
到我写下它时的状态中去,而这一点即使我想做也已经办不到了。
这不是因为我认为那些我想揭露的根深蒂固的错误和混淆现在已不
再活跃,而是如果我想处理它们的话,那么我自然应希望表达它们在
现今流行的思想中的形态;并且当然,其间这么多年,哲学和社会科
学领域中的很多事情已经起了变化。我也有一些变动。我对人类理
解的本性和各种条件感兴趣,这表现在对那时某种流行的社会科学
概念的研究中。此后,这种兴趣推动我进入到诸多相当不同的探索
领域中去。这些理由和其他方面的因素,使我感到从事这样的修订
是无益的;而重写整本书又要使我放下我感到正迫切需要做的事情。
因此,我写下这个序言,指出如果我重写这本书的话,在什么方面我
想要与以前说得不同。

该书的整个论证的核心思想表述在其第三章的第 5 节和第 6 节
中。第 6 节的标题是"理解社会体制"。在这个至关紧要的交汇处我
使用"理解"而不是使用"说明",这一点是很重要的。我这样说并不

意味着我在间接地引证韦伯(Max Weber)所做出的"因果性的说明"和"解释性的理解"之间的区分(这在第四章的第3节讨论过)。我心中所设想的要点与此相当不同。方法论者和科学哲学家通常都通过提问什么是他们所考虑的在科学中提供的说明(explanations)的特征来研究他们的课题。当然,我们可以说,说明是与理解紧密关联的;理解是说明的目标和成功的说明的最终产物。但当然我们不能由此得出这样的结论:理解只有在已经存在说明的地方才存在;事实上这也不是真的。我指望大家可以接受这一点。

然而,我在这本书的论证中还进一步表述了如下观点:除非存在某种不是说明的结果的理解的形式,否则说明之类的东西就是不可能的。说明之所以被称为说明,仅当存在着,或至少被认为存在着理解中的缺陷之处。于是,必须要有某种标准才能度量这种缺陷,而这样的标准只能是我们已经拥有的理解。进而,我们已经拥有的理解是表达在概念中的,而概念构成了我们所关心的题材的形式。同时,这些概念也表达了应用它们的人的某些方面的生活特征。这些彼此密切的关联是这本书所探究的主题。正如我已经说过的,这些最重要的联系表述在该书的第三章的第5节和第6节中。

我认为我还会保留该书章节的主要结构。但是在两个重要的方面我现在想以不同的方式来表达我的论证的展开。这涉及我所使用的"原因"和"规则"的词语。在该书中,有关自然科学和社会科学的区分的讨论是围绕着"一般性"(generality)的概念和"不同的方式"来展开的,这刻画了我们区别理解自然现象和社会现象的特征。当我表达这种差别的时候,是通过说我们理解自然现象是按照因果观念,而我们理解社会现象涉及行为的动机(motives)和理由(reasons)的范畴。进而,我论证,因果范畴通过经验概括(generalization)而涉及一般性,行为的理由的范畴则通过规则(rule)而涉及一般性。这些观念(概括的和规则的)在重要的逻辑的层面上彼此不同。

不幸的是,我没有足够认真地研究原因的观念。我区分"原因"

和"动机"的写作背景是穆勒(John Stuart Mill)把这两者实质上同化为休谟的因果性说明的观念;在这里,基本的范畴是通过经验观察所确立的规律性(regularity)范畴。就我的批评的主要的靶子是那些做出类似的同化的著作家而言,我的争辩有过头之处。我确实表达过我对休谟的说明的保留(例如,在第五章的第 1 节中),但这没有表现到足够有意义的程度。其结果是,当我应该说我们对人的行为的理解不是通过休谟(和穆勒)所给出的那种"原因"之类的东西来阐明的时候,我往往被看成在否定人类行为能按照因果关系来理解。现在看来,这种说明即使作为一种我们对自然现象的理解的阐明也是不精确的。因此,按照这样的词语去表达社会科学和自然科学的区别,就需要分别研究一些不同的理由,为什么说休谟的说明在"原因"这个词应用于自然科学的用法时是不精确的,以及为什么说当它应用于谈论人的行为的"理由"和"动机"时是不精确的。

但是,看来还是不用这样的词语去表达这种区分更好。重要的是,要记住,这里"原因"这个词(以及相关的词)的用法在不同的上下文中相当不同。休谟的说明可能很切合于它的某些用法,但很难切合于它的其他一些用法。当我们探究人的动机的时候,我们确实使用"原因"用语。"什么使得他做了那件事?"("什么是他做那件事的原因?")"它是野心、贪婪和忌妒的一些结合。"以这样的方式谈论当然没有什么过错;我们不能说这仅仅是隐语性的。由此可见原因的观念确实应用于人的行为。但是,当我们这样说的时候,认为我们正在对所探究的人的行为的说明和理解的形式说出了某种实质性的东西,那将是重大的错误。更为具体地说,因为我们也谈论,引擎没有发动起来的原因是火花塞脏了,我们由此推论出这里所提供的说明与上个例子中的说明是属于同一种类的,那将是一个重大的失误。我们可能会说,"原因说明"短语指出了什么是正在被说明的(大致地说,某事物的来源或起源),然而就此而言,有关它是如何被说明的,或有关这种说明看来像是什么类型的问题,几乎或简直一点也没有被谈到。

当我谈到我们对人的行为的理解中有关"规则"(rules)时所写下的东西时，也存在着相类似的扭曲。我的策略是，概述维特根斯坦在遵循规则的观念的讨论中，在规则应用于语言的使用中，以及在把这一讨论应用于更为一般的人类行为中，我所认为的最具中心特征的东西。这在我看来仍然是一个好的策略：相当重要的原因是，按照维特根斯坦的看法，语言的一个中心特征在于，只有在它所置于的更为一般的行为背景中观察，才能看到它的真相。但不幸的是，我在表述规则的观念对于语言和其他行为形式的相关联系时远远不够谨慎。

在第一章的第 8 节中，我开始还比较慎重地讨论过这个问题，我没有直截了当地写所有语言的用法都是受规则制约的。但是在第二章的第 2 节中，我就不够慎重了：从"通过我现在做的事情承诺某种将来的行动，类似于通过定义承诺某种后续的用法"的主张(我认为它是正确的)推论出："仅当我目前的行为是规则的运用，我才能通过现在做的事情承诺某件在将来的事情。"但这不是从以前的一节所说的东西中推论出来的，我也不认为它事实上是真的。在第二章的第 3 节，我的一个主张更加糟糕："一切有意义的行为(因而所有特指的人类行为)，就其有意义这一事实而言(*ipso facto*)，都是由规则支配的。"我确实在该节的其后部分试图通过区分不同种类的规则来限定这一点，但我现在认为这还不足以把事情讲确切。

在我看来，在维特根斯坦的《哲学研究》的第一部分的第 81 和 82 节中，可看到属于对这个问题的真理的最好表述：

> 弗兰克·兰姆赛有一次在和我交谈时强调指出，逻辑是一门"规范性科学"。我不完全知道他那时想的是什么，但他的想法无疑与我后来逐渐开始明白的想法紧密相关，那就是：在哲学中，我们经常把词的使用同具有固定规则的游戏或演算相比较，但是，我们不能说一个使用语言的人必须玩这样一种游戏。
>
> ⋯⋯

我称为"他据以进行的规则"是什么？——是这样一个假
设，该假设令人满意地描述了他对词的使用，这种使用我们是观
察到的？或者是这样一个规则，这个规则是他在使用记号时所
查找的？或者是当我们问他，他的规则是什么时他给我们的回
答？——但是，如果观察不能使我们看到任何清楚的规则而提
问也没有给任何事情带来光明，那又该怎样呢？——因为当我
问他对"N"做什么理解时，他的确给了我一个定义，但他又随时
准备收回或改变这个定义。——所以，我该怎样来确定他据以
进行游戏的规则呢？他自己都不知道这个规则。——或者，更
好些："他据以进行的规则"这个表达在这里还能意味着什么？

如果我适当注意这两段评注（和在类似的脉络中的其他的评
注），我可能就会避免在本书中往往给人造成的那样一种印象：社会
的实践、传统、体制等是或多或少独立自足的，它们各自按照其相当
自主的方式运行。这方面的一个特别不幸的例子发生在该书第四章
第 1 节中经常被引证也经常被批评的我写下的一段话："逻辑的标准
并不是上帝直接赐予的礼物，而是源起于生活的方式和社会生活的
模式，并且只有在这一背景（context）中才是可以理解的。"在我看来，
这一论断基本上还是正确的。但我所继续发挥的思想则走上错误的
道路："这也就意味着对于这么多社会生活的模式没有普遍适用的逻
辑标准。例如，科学是一种模式，宗教是另一种模式，它们都有属于
自己的特殊的理解标准。"我在处置这一问题的方式上有诸多错误。
其中之一是，假定思想在应用于人类生活的一切方面都立足在同样
的基础上。这是一个重大的错误。我在该书出版后不久写下的一篇
论文《自然和习俗》中，[该文重印于彼得·温奇的《伦理和行动》
（Ethics and Action），由 Routledge & Kegan Paul，1972，特别是其中
第 58—59 页]，就已经强调过这一点。我在那里论证：把科学和道德
相提并论，仿佛它们都是"活动的形式"，这是一种误导。类似地，这
一看法也适用于科学和宗教（尽管不是在完全相同的方式上）。与此

相关联,有关社会生活的各种模式都是自主的,彼此不达中和的观点,也通过指出"社会生活的不同模式有重叠的特征"而加以限定(参见同上书第 95 页)。社会生活的不同模式不仅仅"重叠":它们还以这样的一种方式内在地相关联,以至于我们甚至不能在理解上把它们设想为互相孤立地存在着。里斯(Rush Rhees)在他的论文《维特根斯坦的建筑者》中对此有重要讨论,该文收录于他的著作《有关维特根斯坦的讨论》(*Discussions of Wittgenstein*, Routledge & Kegan Paul, 1969。)

如果我那时恰当地关注我所引证的《哲学研究》中的那个段落,会有助于我更为清楚地看到这些关节点的重要性,并能使我摆脱在该书第四章第 1 部分中的粗糙的表述方式。然而,这不会减弱反而会加强我反对帕累托(Pareto)的论证。事实上,我那时批评他对逻辑的过分观念化(over-idealization)的做法,但我自己并没有充分摆脱同样的那种过分观念化的倾向。众多思想方式扎根于众多不同的人类生活的领域,当这些思想方式互相施加影响,从而产生逻辑概念上的困难的时候,这样的困难是不能通过诉诸形式的系统来解决的,不论那个系统是上帝赐予的逻辑原理的系统,还是众多社会生活的模式(它们各自有着专属于自己的可理解性标准)的一个系统。

同样,把规则与人的行为相联系的方式的观念搞得更加清楚一些,也只会加强社会科学和自然科学对照的力量。然而,我的某些观点应以相当不同的方式加以表述。例如,该书第 62 页上,有一个再糟糕不过的表述:"正因为人类行为为规则提供了范例,我们才可以说过去的经验与我们当前的行为有相关性。"我以为我想表述的观点只有说得相当详细才会确切,但以下或许可视为一个较为近似的表达:过去的经验对当前的行为具有的相关性的种类,只有在行为为规则提供了范例的范围内,或在一些重要的方面,类似于为规则提供范例的行为时,才能显示出来。

因此,尽管我认为,我至此所谈到的问题确实关系到我所从事的
自然科学和社会科学的对照的方式上的重要缺陷,但这一对照的主
要的轮廓在我看来仍然是站得住脚的。不过,这并不意味着我认为,
我的整个论证的进路一点也没有差错。在第五章的第 2 节开头我提
出这样的看法:"把社会交往比作对话中观念的交流,较之将它比作
物理系统中力的相互作用更加有益。"我认为,这一观点就其现状而
言是正确的。然而麻烦出现在于我那时过于片面地关心这一主张的
否定性方面,其结果是我没有认真地正面发挥我自己的主张,对社会
生活与在交谈中的观念交流做比较研究。

如果我那时那样做的话,我可能那时就已经会痛感到使得这样的
一种观念交流成为可能的伦理—文化的条件的薄弱(the *fragility* of
the ethico-cultural conditions)。我在《社会科学的观念》发表之后所
写的文章(例如在《伦理和行动》的第 2—5 节)中已经试图探究伦理
的概念进入到我们对社会生活的理解中去的某些方式。但这些文章
就像本书一样,仍然没有足够认真地探讨我所称之为伦理的概念能
在社会生活中发挥积极作用的条件的"薄弱"所引起的问题。这不仅
构成论证上的裂缝,而且导致严重的扭曲;这在该书的最后一章中已
经很明显了。

在这一章的第 2 节中,我错误地把整书论证的主旨等同为对社
会生活的"过分理智化"的论证;在这样做的时候,我事实上回避了在
这样的生活中野性的力量所起的作用。因此,在该节最后一段中,我
试图使战争之类的现象与我所描绘的画面协调起来,含糊地主张,在
人类的交战者之间还存在实质上的"内在关系",在这一意义上是不
可以跟野兽之间的搏斗相提并论的。但这当然不能捍卫我通过把社
会生活比之为交谈的交流所暗示的那幅安详平和的图画。若要认真
地进行这一对比的话,需要提出这样的问题:在这样的一种观念交流
中,欺骗、勒索、恫吓、破口大骂等手段所起的作用是什么。克劳塞维
茨(Clausewitz)的有关战争作为外交的其他手段的继续的警句有其

自己的含义;但这并不能减弱由正义的观念所制约的人间关系与由强力支配的人间关系的鲜明对照。这一对照的性质对于本书所讨论的主题很重要;但不幸的是这本书本身没有谈及它们。以此为中心探讨过这个问题的现代著作家是哈贝马斯(Jürgen Habermas),尽管他处理它们的方式不同于我的进路。在我看来,近来在揭示这些问题的深度方面不同凡响的另一位著作家是西蒙娜·薇依(Simone Weil)。我讨论过她这方面的论述,见《西蒙娜·薇依:公正的天平》(Simone Weil. *The Just Balance*. Cambridge University Press, 1989)。

彼得·温奇

中译本第二版（经典文库版）序

　　浙江大学哲学系应奇教授告诉我劳特利奇出版社重新出版了彼得·温奇的《社会科学的观念及其与哲学的关系》，并邀请我依据这个新版本为浙江大学出版社校订该书的旧译本和翻译新增添的部分。我收到了浙江大学出版社王长刚编辑寄给我的该书的2008年的新版本。经与过去的版本对照，发现仅仅增添了"劳特利奇经典版导论"。该导论不是彼得·温奇自己写的，而是雷蒙德·盖塔（Raimond Gaita）写的。彼得·温奇于1997年过世。他的那本书在20世纪中叶产生重大影响，被劳特利奇出版社收入其经典丛书，因而也要出一个序言对之盖棺定论。我翻译了这篇序言，觉得他的评价相当中肯，并为理解温奇在该书中的基本观点和后来的思想发展提供了清楚的线索。诚如我在该书原先的中译本序言中所说，我们当初翻译此书，仅仅是为复旦大学哲学系的一个研讨班的学习所用，后经我和张缨的校对，交付上海人民出版社出版。这次又按照浙江大学出版社的要求，核对了全文，尽我所能地改正了原译本中的一些不确切和不明了之处。

张庆熊 谨序

2015年6月18日

劳特利奇经典版导论

　　随着《社会科学的观念及其与哲学的关系》(以下简称《社会科学的观念》)在 1958 年问世,彼得·温奇(Peter Winch),一位分析哲学家,成了其著作被广为阅读、其思想饱受争议和频遭误解的英国哲学家之一。关于他,确实很难归类。一名英国分析哲学家,他中意于这个称呼,他也被欧洲大陆哲学家如伽达默尔、哈贝马斯和阿佩尔等赞赏。在他们那里,大多数分析哲学家遭受屈尊或贬谪。温奇认为,哲学中的某些理论用语空洞无物;为展示这一点,他论证只有在它们由以导出和依附的自然语言中才能成为严格可回答的表达。但他却不是狭义上的"日常语言"哲学家。尽管他经常谈论概念分析是哲学的标志性任务,但当他认识到,对无意义概念的揭示如若不想成为一种自命不凡的练习的话,人们需要更好地理解概念的性质、概念的形成以及在使用它们的人的生活中所具有的位置时,这与其大多数同事所说的有很大不同。其差别之大,正如在一个受过良好教育的普通观众眼里,概念分析和日常语言哲学在玩琐碎哲学,而后来的一些哲学家则发生了转向,诉诸形而上学和道德哲学,并再次探问那个古老的问题:人究竟应该如何生活?

　　温奇有谦卑的自知之明,他强烈地觉察到,即使那些相信其专职在于揭示无意义的哲学家,自己也会说无意义的话;这种倾向在哲学中浸透之深,甚至困扰那些最伟大的哲学家。然而,他认识到,这种倾向不仅仅表现为误用语词所导致的混乱表达。如同他认为,心理学和社会科学中的行为主义源于对人类行为的误解一样,他也认为,概念分析和日常语言哲学也经常暴露出对概念与使用它们的人的诸种生活之间的相互关系缺乏正确的理解。

温奇在这本书的开头部分指出:"哲学的议题确实在很大程度上转向了纠正某些语言表达的使用;在很大程度上,阐明一个概念就是指清除语言的混乱。"(第11页[①])但他告诫,"哲学家不是要为自己解决一些特殊的语言混乱而对语言感兴趣的,而是要在整体上解决有关语言的性质的混乱"(第12页)。为理解这一点,阐明了如下观念还是达不到的:说某件事情,就是把一个句子以及使其成为某种言说行为的表达语境和其他条件表述出来。温奇认为,只有当人们把这一或那一言说的语言游戏与这些语言游戏的言说者的生活形式间的种种关系详细搞清楚了之后,理解才能达到。"语言游戏"和"生活形式"之用语来自维特根斯坦的《哲学研究》。无论是在维特根斯坦的同情者那里还是在其敌视者那里,它们已经成为众多经常带有敌意的批判的讨论主题,部分地是因为它们经一段时间的使用后变得乏味呆滞,而不再生动鲜活。温奇在其著作的第二版序言中,承认他也有这方面的过失。他批评了自己在这本书中的这种倾向,即把各个语言游戏当作好似各个自身封闭的东西。他说,即使谈到了它们间的"互动",但依然不足以弥补这种损害。因此,我们必须进一步把它们间的关系视为"内在的"(internal)互相关系。

有关温奇所说"内在的"是什么意思,可以在里斯(Ruch Rhees)的论文《维特根斯坦的建筑者》中找到线索。温奇在他的序言中引证

----

① 此处页码指本书英文原版页码,全书同此处理。——译者注

了里斯的这篇文章。① 里斯主张，如若没有交谈（conversation），也就没有语言（language）。或许，这一主张最令人瞩目之处无非是使得那些问题回到前台。难道为表达我们在交谈中想说的东西不需要语言吗？交谈难道不是在拥有语言的存在者中的一种高端发展吗？难道不可设想存在一种主要由指令、要求和警告组成的较为低端的语言——一种完全为言说者共享的目的服务的语言吗？

其中有些反对理由能够成立，里斯并不能否定它们。当然，人们之所以能够交谈，仅当他们已经是一个语言共同体的一部分。由此看来，语言先于他们，并在这一显而易见的意义上，是语言才使得他们间的交谈成为可能。然而，里斯认为，这不能成为一个理由，让我们果真能够设想，人在过去已经拥有语言而又不交谈。这也不意味，语言偶然地成为我们交流思想的中介，或语言的统一性是由命题或概念的系统给予它的统一性，是系统才使得语言的存在成为可能。里斯认为，语言的统一性就是在语言中所说的东西的统一性。据我看来，这是进入他评论的入口处，而温奇所引他的论集的唯一一篇文章正是《语言是所说的某种东西》。

如果语言仅仅被认为是我们用以实现目标的手段，是我们用以对他人表达我们的思想、欲望和目的之手段，那么就不存在理由去论证，为什么语言不可能是上帝所设计的，并保存在上帝那里为我们备用，好似他已经造好了工具，保存在他那里，直到我们能够使用它们。如果真是那样，那么言说的能力和用以做事的工具可以是一刹那间授予我们的。当人们说，我们能够制造与我们一起生活和交谈的机器人时，他们所想象的正是那样的东西。我们先造出一个机器人，然后我们配以它言说的能力。

对于里斯和温奇而言，语言之结合在一起，正如交谈之结合在一

---

① 参见温奇（P. Winch）编：《维特根斯坦哲学研究》（*Studies in the Philosophy of Wittgenstein*. London：Routledge & Kegan Paul，1969）。

起。我认为,这一思想告诉了我们为什么温奇持这样的主张:"把社会交往比作对话中观念的交流,较之将它比作物理系统中力的互相作用更加有益。"(第 120 页)在该书第二版的序言中,温奇对此说法加了一个严肃的限定——他承认他在那时还没有充分认真地考虑摧毁交谈条件的势力的作用,以及与此相关的依赖于它们的体制生活。但这并不意味着,被温奇在该书中批判的那种社会探究,对那种瓦解相当脆弱的社会体制的势力有着最好的理解。

显然,我在此所能做的至多是勾勒出这样的一种语言观的梗概和谈一下阅读《社会科学的观念》这本书的意义。为获得一个更为完整的说明,我建议读者阅读温奇的《尝试言之有意义》(*Trying to Make Sense*)中的文章和他的书《西蒙娜·薇依:公正的天平》。在这些著作中,温奇讨论了他在《社会科学的观念》中仅仅提示到的那些思想,即维特根斯坦对原初反应的反思,以及它们在我们的概念构建中的地位,它们在"我们的与语言相关的生活"中的作用,以及他采取的来自科拉·戴蒙德(Cora Diamond)的论文《观看正确地点的规则》("Rule Looking in the Right Place")的一个表达,这篇论文是温奇特别欣赏的。[1] 例如,在对"我们对待一个灵魂的态度"的那些反思中,我们能够发展出一种对人之为人应是什么的理解,以及发展出我们对生命体的各种各样的行为举止和词形变化的反应的位置的理解。我们也能从这些材料中看出,他对有关我们自己和我们所做的事情(我愿说,这还包括对动物的行为)的机械论观念的更为激进的批判。因此,我认为,温奇在这篇序言中注意到,尽管他的后期著作提供了批评他在《社会科学的观念》中的某些关键论证的根据,他同时也提供了更好地理解这些论证的根据,以及为什么他要通过推进它们使其成立的根据。

---

[1]　参见菲利普斯(D. Z. Phillips)和温奇(P. Winch)编:《注意特殊事例》(*Attention to Particulars*. London:Macmillan,1989)。

处于温奇有关社会科学批判靶心位置上的，正是他写《社会科学
的观念》那本书时广为流行的做法：他认为，那时社会科学家误把自
然科学的探究方法设想为其蓝本。这种设想部分地来源于该方法在
自然科学中的成功。然而，从更深处看，它是有关知识的一种假定所
导致的结果。就心理学或某些社会科学所研究的人类行为而言，这
里的一个重要假定是：仅当我们理解了人类行为的原因时，我们才获
得其知识；这些原因是通过对那类行为的概括揭示出来的，而这种概
括覆盖那些经由适当的理论术语加以再描述的行为。

在温奇看来，这一假定的主要麻烦并不在于，人类行为不能被量
化，或对其概括还不能达到预言科学所要求的水准。他认为，这一说法
并无过错，但这不过仅仅展示出一个更深的困难的症候。他所批评的
那类社会科学的病根在于，缺乏对有意义行为的性质的理解。他论证，
人类行为大都以理由说明，而理由并不等同于他们用以说明行为的原
因。以那种貌似适合因果概括的方式对人类行动加以再描述，纵然有
一天达到因果律的状态，不是加深了对先前那个主题的理解，而是完全遗
失了它。他论证，为何维特根斯坦在《哲学研究》中有关一种语言的言说
者遵循该语言规则的评论，提供了一条理解社会现象的更好的途径。

让我们设想有这样一位社会科学家，她想去理解学校中的纪律
规程。她认为，由于纪律就是对行为问题的反应，因此最好视之为一
种"行为矫正"的形式。然而，她正在考察的那些教师，却不谈论行为
矫正。他们正在讨论，为改善孩子的行为，他们是否应该通过某些方
式进行处罚或鼓励，其中的一种鼓励方法是否带有"贿赂"的倾向。
另一些教师则建议，他们应鼓励行为端正的学生不接纳行为不端的
学生，直到其行为改进为止。

描述这些教师正在思索的东西，这不仅涉及他们可能用来改进
其学生的行为的措施，而且涉及那些行动及其所意味的东西。在此，
"意味"是就如下这层意义说的："你难道不懂得鼓励这些孩子的同伴
不接纳他们，意味对他们的羞辱吗？"或者，如其中的一位教师在说下

面这些话时可能意指的:"你称那为惩罚,但其界限并没被公正划定。你并不知道惩罚意味什么。难道你没有看见这鼓励学生把他们的教师蔑视为伪君子吗?"如此等等。由此看来,这些教师寻求对摆在他们面前的这些提案的理解,是围绕着区分这一行为与那一行为的意义展开的。这在许多方面要求对语文有相当敏锐的感觉,至少要像对由理论所提炼的知性用语那样,无论是哲学的还是科学的。在日常英语的用法中,"行为矫正"(behaviour modification)这一表达带有操纵的意思,几乎总被认为是不正当的。显然,人们必须敏感地听出这些含义,不应对之浑然不觉。当试图使这一习语剥离这些含义,希望使之成为行为科学中的一个中立的术语,并从而发现硬科学的概括所提供的加深了的理解时,这样的做法与其说是推进不如说是阻碍理解。

xxvi 　　从我以上提供的有关一位社会科学工作者观察教师的例子中可以看出,这种对他们的行动的再描述开始于一种科学所寻求的因果概括的进路。这种进路在一定程度上偏离了这些参与者用于描述他们的行动的语言,从而失去了对理解这些教师所认真对待的问题所必需的敏感性。并且在此,仅仅掌握日常语言的概念,诉诸我们日常所说的东西,还是不够的。这是另一个与"日常语言哲学"的分歧点。这之所以不够,因为这本身不能保证人们理解这些教师讨论有关正义,有关什么构成了贿赂,有关羞辱和伪善等问题的深浅程度。在我所举的例子中,这些教师正在思考的题材显示出,对其的描述和反思性评估与其内容不可分割地、内在地交织在一起,其对这或对那的判断是寓有情感的,或哀婉动人,或平庸肤浅,后者可能部分地是由那些概念定义的方式造成的。这意味,如果我们的题材是欧洲人称之为哲学人类学的话题,那么不可避免地,我们直入主题地认为,在自然语言中,富含历史的共振和暗示,这是由各族人民的各种生活所塑造的,并且这也塑造各族人民的各种生活。

　　在哲学中,这些教师在其讨论中所使用的概念,经常被称为"厚概念"(thick concepts)。对之,经常要求人们区分真实抑或虚伪的行为或情感,例如区分真正的勇敢与鲁莽,真正的爱与迷恋;若不这样做,就会陷入浅薄。这样的一种在真实与虚伪之间的区分,见于我的例子中:"你称那为公正?""你称那为鼓励?"这种区分表象与实在的方式很少诉诸科学。它更为经常地诉诸艺术,即使以间接的方式;与其说它诉诸日常语言,不如说它诉诸超日常语言(extraordinary language),正如人们在诗歌中发现的那样;或无论如何,它诉诸"竭尽全力使用的"语言,正如科拉·戴蒙德所表述的那样。

xxvii

正如我此前指出的,这里意蕴语气问题。但那种把"处罚"再描述为"行为矫正"所寻求的客观性的理念,不是一种寻求正确的语气的理念。在一定范围内可以说,它所寻求的就是不把语气纳入科学工作范围。更为普遍地说,这一点适用于风格。这种观念(的确,它是一种理念的表达)是:寻求理解和寻求(被正当地理解的)真理的人,必须始终寻求把内容从其所呈现的风格中抽取出来,使之适合于知性的能力(认识的内容);这也就是说,要使其从它所表现的语句的文学品味、声音的语调、意象的美学色彩等中抽取出来。

重要的是注意,温奇并非反对使用理论术语去理解人类行为。他只是坚持,理论的词语必须能回应我们在日常语言中使用的词语,并且要达到这样一种程度,反之亦然;这种回应是以反思的方式进行的,如在我的例子中那样,而不是通过技术的方式进行。但是,为使得理论的词语在这种方式上成为可回应的,人们必须对我早先提到的那种概念的应用持有一种感觉,以致能区分在具体讨论中的深浅程度。除了在原则上可识别的荒谬和无知外,社会科学家还可以观察到,某些讨论的参与者可能对有关的问题持平庸见解,某些则多愁善感或充满激情,如此等等。由此可以看出,在有关应如何描述他们正在探讨的现象问题上的不一致,与有关事实问题上的不一致,或某些人们可以理性地怀抱取得普遍一致的希望的其他问题上的不一致,存在很大区别。如果是那样的话,那么温奇就有权说:承认理由毕竟是原因,并不意味着要求他去承认借助理由的说明与科学所寻

xxviii

求的说明是一回事。他在那篇序言中坚持：承认理由可以是原因，本身并非意味已经谈到了不少人们所寻求的那种理解。

我以上所说的一些话，在为温奇对有意义行为的理解做辩护。正如我已经指出的，它并非清楚地见于《社会科学的观念》。但当我通过参考他的后期著作勾勒这一辩护时，我只是做了他在第二版的序言中所做的事情。在这篇序言中，他说他依然坚持他原初所写的大部分东西。当然，其中有一些，他现在否定了。但是，如果他的后期著作产生对他在《社会科学的观念》中所写的东西的批评的话，那么它也能让读者看到，《哲学研究》第二部分的一些章节，对有关我们的观念与我们所过的生活之间的关系，要比大部分 20 世纪 50 年代和 60 年代的那些维特根斯坦专家的作品（温奇自己的也包括在内）所能充分评估的，在哲学上产生更为激进的视角。从这一视角阅读，就能从那种多年来过度使用和误用"语言游戏"、"生活形式"之类的表达所产生的单调乏味的效果中解放出来，从而看到《社会科学的观念》所阐述的遵循规则及其与有意义的行为之间的关系的重要性是被改造了，而不是被拒斥了。对于这样的一位读者来说，这本"勇敢的小书"〔正如《时代周刊高等教育副刊》（*Times Higher Education Supplement*）对它正确描述的那样〕将再次被推向前沿。这次是在分析哲学的重要部分中，阐明人道敏感性（the humane sensibility）对于理解我们自身是一个必需的观念，并批判瓦解这一观念的倾向。它也将批判地卷入与那些社会科学的批评者的商讨中去，他们把温奇带入那样一场运动，阐明人道地理解我们自身的努力，在方式上，要求一种内向性（inwardness）和敏感性，这接近于文学，如同它接近于科学那样；他们还阐明那种把它等同于追求客观性的努力的观点是不值得信任的；这种朝向客观性的观点寻求按照事物的本来性状看待事物，并出于种种糟糕的理由，不主张按照其如何向我们呈现的样子看待事物。

雷蒙德·盖塔（Raimond Gaita）

xxix

目　　录

第一章

哲学的定位

1. 目标与战略

对许多教科书的作者而言,社会科学尚处幼年的论断已是老生常谈。他们论证,这是由于社会科学无法与自然科学匹敌,而且社会科学本身还没有从哲学的魔掌中获得解放。曾经有一度,在哲学和自然科学之间并不存在明显的界限,但由于 17 世纪自然科学取得的长足进步,这种局面已经改变。然而,众所周知,社会科学还没有发生这样的革命,或者至少至今为止它才处于发生的过程之中。社会科学或许尚未发现自己的牛顿,但诞生这样一位天才的条件业已具备。如果我们想要取得某些显著的进步,那么首先我们就必须要遵循自然科学的方法而不是哲学的方法。

在本书中,我要反驳的就是以上这种处理社会科学、哲学和自然科学之间关系的观念。但并不能就此认为,我所说的必定与保守的反科学运动同流合污。这种运动从科学诞生之日起就产生,并曾在一段时间内兴盛,它想让时钟倒转。无论最终证明了什么,我的唯一

1

2

目标是确保这样做恰逢时宜。由于在下文中将要得到说明的原因，哲学根本和反科学无关。如果哲学试图这样做，那它只可能使自己变得荒诞。这种攻击是缺乏眼光和有失尊严的，就如同它是无用的和未经深思熟虑的一样。由于同样的理由，哲学也必须起来反对那种科学的超科学的自负。既然科学已经成了这个时代的一种主要的口号，这必然使得哲学家变得不怎么受欢迎。哲学现在所遭遇的回应就如现在批判君主制的人所遭遇的一样。但是一旦哲学成为流行的主题，哲学家就要考虑自己在什么地方误入歧途了。

我说过，我的目标是要批判当前对哲学和社会科学关系的观念。既然这个观念涉及两个部分(哲学和科学)，我将必须以或许在某些人看来过大的篇幅来专门讨论那些涉及社会研究的本质的尚不清楚的问题。我所赞赏的观点预先假定了某种哲学的观念。或许许多人会觉得这种观念如同我关于社会科学本身的观念一样是某种异端。所以，无论是否离题，我们必须首先澄清这个观念。对哲学的本性的讨论将是本书的核心部分。因此，这开场的第一章不能被当作无聊的、浪费时间的预备而跳过。

如果我简要地勾勒出本书的整体战略，那或许更使人信服。我将在两条战线上作战：第一，对当下流行的关于哲学本性的观念进行批判；第二，对当下流行的关于社会科学本性的观念进行批判。主要的战术是钳形运动：两个不同方向的讨论最终会殊途同归。把这个军事比喻用到底，我的主要目标是要说明，为了澄清哲学的本性和社会科学的本性，这两条看上去不同的战线事实上并非完全不同。因为任何有价值的社会研究在本质上必须是哲学的，任何有价值的哲学必定关心人类社会的本性。

2. 哲学的小工概念

我将我所要批判的哲学概念称为"小工(underlabourer)"概念，

它归于一个伟大的天才——约翰·洛克(John Locke)名下。下面的一段文字是从洛克的《人类理解论》(*Essay Concerning Human Understanding*)一书的序言"致读者的书信"节选的,它经常被"小工"概念的支持者引用。

> 在当代,知识的王国里并不缺少建筑大师。他们的伟大设计促进了科学的发展,并为子孙后代留下了值得永久赞美的纪念碑。但是任何人都不能奢望自己成为另一个波义耳①或者另一个西登纳姆②。在这样一个产生了诸如伟大的惠更斯③和无与伦比的牛顿等大师的时代,有幸成为一个清扫道路的小工——清除一些知识的道路上的垃圾——那也已经相当有抱负了。

艾耶尔(A. J. Ayer)在关于哲学中"大祭司"(pontiffs)和"熟练工人"(journeymen)差异的思想中仿效了洛克的观点。在弗卢(A. G. N. Flew)所著的《逻辑与语言》(第一册)的导论中,它被转换为现代哲学讨论的习惯用语。这一思想在很多方面还与吉尔伯特·赖尔(Gilbert Ryle)的"非形式逻辑"(informal logic)观念有联系。④

我将试图把这个思想中某些和我现在的目标有关的特质凸现出来。首先,有一种思想认为"哲学是由于它的方法而不是由于它的论题而区别于其他艺术与科学的"⑤。这种说法显然起源于"小工"的观念。按照这种说法,哲学自身无法对理解世界提供任何肯定性的知

---

① 波义耳(Robert Boyle,1627—1691),英国物理学家、化学家和自然科学家,伦敦皇家科学院创始人之一,确立了在恒温下气体体积与压力成反比的波义耳定律,发展了物质的基本微粒概念。(译者注)

② 西登纳姆(Thomas Sydenham,1624—1689),英国著名内科医师。(译者注)

③ 惠更斯(Christaan Huygens),荷兰数学家、物理学家、天文学家,创立了光的波动说,发现土星光环(1659),发明用单摆调节的时钟,建立圆周运动的数字理论,著有《摆动的时钟》《论光》等。(译者注)

④ Gilbert Ryle. *Dilemmas*(两难). Cambridge:Cambridge University Press,1964.

⑤ A. J. Ayer. *The Problem of Knowledge*(知识的问题). London:Macmillan and Penguin Books,1956.

识。它仅仅起到了在理解的发展道路上清除障碍的否定性的作用。那种前进的动力必须在与哲学中所发现的任何东西都完全不同的方法中寻找；这也就是说，它必定是在科学中被发现的。按照这种观点，哲学是寄生在其他学科之中的。哲学没有自己的问题，哲学仅仅是一种技术，用于解决在非哲学的研究过程中产生出来的问题。

5   这一有关某些东西构成了"阻塞知识的道路的垃圾"的现代观念，与洛克的观点很相像。他认为，哲学是用来消除语言的含混不清的。所以我们看到了这样一幅图景：真正的知识是由科学家通过实验和观察的方法获得的。语言是这一过程不可或缺的工具。正如任何其他工具一样，语言也蕴含着缺陷。语言尤其会导致逻辑的矛盾。我们可以将它和机械工具的故障相类比。其他任何机械工具都需要专业机修工来使它们保持良好状态，语言也一样。一个汽车修理工可以排除汽化器堵塞，而哲学家可以消除言语王国里的自相矛盾。

    让我们进一步讨论一个与此相关的"小工"概念的含义。如果哲学的问题不是从外部来的，那么就必须在哲学之内对形而上学和认识论的作用予以某种特殊的说明。因为尽管看来很明显，我们可以说科学哲学的问题、宗教哲学的问题、艺术哲学的问题等，分别是由科学、宗教和艺术等为哲学提出的，但是形而上学和认识论的问题由何而来仍然不得而知。如果我们说，这些学说相对于它们的问题是完全自主的，那么作为对哲学的本性的彻底说明的"小工"概念就瓦解了。一些作者认为，形而上学和认识论不过是科学哲学和心理哲学的伪装而已。但我从未看到这个观点在任何细节上得到支持。而且对通晓这些主题之历史的人而言，它肯定也不像表面上看起来那

6 样（*prima facie*）可信可靠；另一些人又说，形而上学的和认识论的讨论完全是一种似是而非的活动的形式，它们根本不属于任何值得尊重的学科，它们只不过处理一些反复出现的习惯的问题，而这种轻慢的态度很快就令人乏味。事实上过去很多这方面的热点话题现在已经被冷落了。

此外还有一种得到了彼得·拉斯莱特（Peter Laslett）等人的广泛拥护的观点。他在《哲学、政治和社会》①一书的编者导论中讲到，对认识论的热衷尽管一度被刻画为 20 世纪哲学讨论的特征，但它仍然应被视为一个暂时的阶段，它可被视为一个检查和改进哲学工具的阶段，而不应被视为哲学题材本身。这种想法是，一旦完成了这个改进工具的工作，那么哲学家就有责任回到他们自己更为重要的任务上来，即去澄清那些属于其他非哲学学科的概念。

首先，这个解释是非历史的，因为认识论问题始终是严肃的哲学工作的核心，并且很难看出为何不是这样的。更为重要的是，拉斯莱特的观点包含了对哲学中先后顺序的颠倒：认识论的讨论之所以被视为重要的，只是在于它被用来服务于一个进一步的目的，即改进科学哲学、艺术哲学、政治哲学等问题的处理方式。我的看法恰恰相反，如果科学哲学、艺术哲学与政治哲学——我把它们视为"外围的"哲学学科——不与认识论和形而上学相关，就会失去它们的哲学特征。但在我展开叙述之前，我必须要首先试图考察"小工"这个哲学概念的哲学基础。

3. 哲学与科学

哲学的"小工"概念在很大程度上是对哲学家是"大师—科学家"的一种反动。它认为，哲学要直接与科学竞争，并旨在通过纯粹的先天的推理来建立或驳倒科学理论，这是一种可笑的观念。它所可能导致的荒唐，在黑格尔的外行的伪科学玄思中得到充分体现。休谟在哲学上驳斥了这种先天观念：

> 证据的本性在于确保事实。如果我们想对此放心，那么我们就必须追问我们是如何达到这种因与果的知识。我斗胆断

7

---

① Peter Laslett (ed.). *Philosophy, Politics and Society*. Oxford: Blackwell, 1956.

言,作为一个不含例外的命题,当我们发现任何特殊的个别的对象彼此恒常地联系在一起时,这种关系的知识在任何情况下都不是由先天推理得来的,而是完全由经验得来的。如果将一个对象呈现给一个并不具有如此强大的自然理性和能力的人,假设这个对象对他而言是完全陌生的,那么即使对它的感观属性进行最精确的考察,这个人也无法发现有关这个对象的任何原因或结果。①

如今这一论断受到欣赏,因为它批判了先天的(*a priori*)②伪科学。但是,这个论证也经常被误用来攻击那些合法的先天的哲思。其论证如下:任何真正的关于事实的新发现只能通过实验手段获得,任何纯粹的先天的思维过程都无法做到这一点。由于科学使用实验手段而哲学则是纯粹先天的,所以对实在的探索只能由科学担当。另一方面,至少在很大程度上,哲学一贯声称参与了对实在本性的探求。所以,传统哲学一直在试图完成其方法无法完成的事。这种哲学必须被抛弃;或者说,这是对它自己的性质的误解,哲学的研究目的必须从根本上重新解释。

导致这个困境的论证是荒谬的:它包含了一个不确定的中间项,"对实在本性的探求"这个词是多意的。当休谟的论据应用于科学的探求时,和这个词所表达的意义十分契合,但当它应用于哲学时,则仅仅是一个"诡辩论证"(*ignoratio elenchi*)。科学家和哲学家各自目标的差异可以表述如下:科学家探求特殊的实在事物和过程的本性、原因和结果,而哲学家则关心实在本身及其一般意义上的性质。伯内特(Burnet)在他的《希腊哲学》一书(第11页和第12页)中对此

---

① David Hume. *Enquiry into Human Understanding*(人类理解研究),Section Ⅳ,Part 1.

② "*a priori*"是一个不容易翻译的词,它指独立于经验的,从原理出发的,依靠理性通过逻辑推理而获得的。在中文文献中通常译为"先天的",不过不要与"先天性疾病"中的"先天"相混淆,也不要与"超越的上帝"这一表达中的"超越的"(transcendent)以及有关认识的可能性的条件的概念"先验的"(transcendental)相混淆。(译者注)

进行了很好的阐述。他指出,哲学家追问"什么是实在",这牵涉人与实在关系的问题,这使我们超越了纯科学。"我们要问,人的心智是否与实在有什么关联,如果有,这种关联会对他的生活产生怎样的改变。"如果认为伯内特的问题可以由实验的方法解决,那就如同认为哲学用纯粹先天的方法就可以与实验科学在科学的领地上展开较量一样,是一个严重的错误。因为哲学根本不是一个经验性的问题,而是一个概念性的问题,它必定涉及实在的概念的力量。对实验结果 9 的诉求必须首先回答这个重要问题。因为哲学家必定要问,是什么使得这些结果被认定为"实在"。当然,从实验科学家自身的目标和旨趣而言,这可能会激怒他们。但是哲学问题的力量不能按照实验科学的那些既成的概念加以把握,它无法通过概括诸多特殊实例来回答,因为对哲学的特殊回答已经具有将那些特殊实例作为"实在"的意味。

整个事件在 1939 年的一次庆典上得到了富有象征意味的戏剧化的表现。当时,摩尔(G. E. Moore)教授在不列颠学院进行了一次题为"外部世界的证明"的讲演。摩尔的"证明"就是这样,他依次举起他的手,说"这是一只手,那是另一只手,因此至少有两个外部物体存在;因此外部世界存在"。摩尔的论证表面上看来是在处理"是否存在外部世界"这个问题。这和"是否有一种动物的角长在鼻子上"在形式上很相似——当然只要有两只犀牛,这个问题就迎刃而解了。但是摩尔所要讨论的"外部世界是否存在"问题的意义和两只犀牛的意义是不同的。因为,正如对外部世界存在的质疑包含了对其他一切的质疑一样,它也包含了对摩尔双手的质疑。完整的问题应该是:像摩尔的双手那样的对象是否具有资格被认为是外部世界的成员?这并不是说摩尔的论证完全跑题了,错误在于将这个论证当成一次实验式的"证明"。因为这和人们在实验科学中所发现的任何东西不 10 同。摩尔并没有做实验;他只不过提醒了他的听众,"外部对象"这个表述实际被使用的方式。摩尔的提醒说明:哲学中的问题并不是要证明或否证一个外部对象的世界的存在,而是要阐明"外部"这个概念。我想,显然这个问题和哲学的核心问题之间存在着联系,而哲学的核心问题则事关实在的一般的性质。

4. 哲学家对语言的关心

到目前为止,关于科学和哲学的关系已经讲了不少。但我还没有表明,为什么对哲学家是"大师—科学家"这样一种看法的拒斥,不需要,也不应该导致"小工"概念。我说过,摩尔提醒我们一些表述是如何被实际使用的。我也已经强调,在哲学中"阐明一个概念"这个观念的重要性。这些言说的方式乍看之下与"小工"这一概念相当贴合。事实上,从总体上说,"小工"概念的错误与其说发生在彻头彻尾错误的学说中,不如说发生在系统化的错误强调中。

哲学的议题确实在很大程度上转向了纠正某些语言表述的使用;在很大程度上,阐明一个概念就是指清除语言的混乱。尽管如此,哲学家所关心的并不是一般而言的语言的正确用法,而且也不是所有的语言混乱都同样与哲学有关。仅当对它们的讨论被用来弄清实在在多大程度上是可理解的①,以及掌握实在对人的生活会产生怎样的改变时,它们才与哲学有关。所以我们要问,语言问题如何与这些主题有关,以及什么类型的语言问题才可能与这些主题有关。

问实在是否可理解就是问思想和实在的关系。人们在考虑思想的性质时,也会考虑语言的性质。因此,实在是否可被理解的问题,不可分割地系缚于语言如何与实在联系的问题,系缚于"什么是说某物"的问题。事实上,哲学家不是要为自己解决一些特殊的语言混乱

①　我意识到这一说法听起来有点老式,我之所以这样做是为了突出哲学家关心实在和科学家等关心实在之间的差别。我想借此机会说明,我在下一节中有关哲学家对语言的那种兴趣的材料,来源于拉什·里斯(Rush Rhees)先生论"哲学和艺术"的一个没有发表的谈话。

而对语言感兴趣的,而是要在整体上解决有关语言的性质的混乱。

我会参照韦尔顿(T. D. Weldon)的《政治词汇》(*Vocabulary of Politics*)一书来详尽阐述这一点。我之所以选择这本书,是因为在此书中,韦尔顿用他对哲学与语言之关系的解释,支持一种哲学和社会研究之相互关系的观念。而这个观念在根本上和本书所推崇的观点不同。韦尔顿的观念以20世纪哲学发展的一些说法为基础。他说:"哲学家已经对语言具有了相当的自我意识。他们意识到前人遇到的一些不可克服的问题,这并不是从世界上神秘的或无法解释的东西中产生的,而是由我们用来描述世界的语言的'怪癖'引发的。"① 因此,社会和政治哲学的问题是由我们用来描述社会与政治制度的语言的"怪癖"而引起的,而不是由那些制度中的神秘之物而引起的。韦尔顿在此忠实地遵循了哲学的"小工"概念。他认为,对于推进我们对社会生活的理解,哲学只起到纯粹消极的作用,任何积极的推进必须归功于经验科学的方法,而不是哲学的方法。这里一点没有这样的意思,对形而上学和认识论的这些核心哲学问题的讨论可能会(如我下文将论证的)有助于理解人类社会的性质。

事实上,在韦尔顿的立场的这一陈述中,那些问题被随便地扔在一边。从一开始就假定,人们可以明晰区分"世界"和"我们用来描述世界的语言",并由此说哲学问题根本不是由前者而只是由后者而产生的,这是把尚待回答的整个哲学问题当作前提加以肯定了。

韦尔顿也许会毫不犹豫地回答,这些问题已经被那些对他论及的发展做出贡献的哲学家解决了。但即使我们忽略了哲学问题从来不能以这种方式解决这个重要事实,别人的哲学思考也不能当作自己进行的哲学工作,如同别人所建立的科学理论那样。我想说的是,维特根斯坦是有关这一问题的哲学发展的杰出贡献者,但是一旦我们忽视了这一点,一旦维特根斯坦的工作被用来支持韦尔顿的说法,

① T. D. Weldon. *The Vocabulary of Politics*. London: Penguin Books, 1953, Chapter I.

那么它就是被错误地加以解释了。从两处具有代表性的引用中我们可以看到,这显然和维特根斯坦的《逻辑哲学论》有关。"给出命题的本质,意味着给出一切描述的本质,也即给出世界的本质"(5.4711)。"世界是我的世界;这表现在语言(我所唯一理解的语言)的界限就意味我的世界的界限"(5.62)。

确实,《逻辑哲学论》中的这些思想与一种语言理论相关,后来维特根斯坦否定了这种语言理论,韦尔顿也是反对它的。但维特根斯坦在他后来的《哲学研究》中的论证方法同样与任何轻易地区分世界和语言的做法不相容。这一点在他处理把一个对象看作某物的概念里得到清晰体现:比如,把一个箭头的图像看作在飞行。以下这段文字表现出维特根斯坦整个思路的特征:

> 在一个三角形中我可以一会儿把这看成顶角,把那看作底边——一会儿又把这看作顶角把那看作底边。——显然,"我现在把这看作顶角"对于刚碰到顶角、底边等概念的学生还不可能意味任何东西。——但我并不是说这是一个经验命题。

> "现在他像这样来看它","现在他那样来看它"这些话只能用于那些能够非常熟练地对一个图形做出某些应用的人。

> 这种经验的基础是对一种技巧的掌握。

> 但如果把这作为某人具有如此这般一种经验的逻辑条件那就太奇怪了!毕竟你不会说,仅当人们能够做某某事时他才能"具有牙痛"。——由此可见,我们在此所谈的不可能是同样的经验概念。它是一个不同的(虽然是相关的)概念。

> 仅当某人能够做某某事、学会了某某事、掌握了某某事时,说他已具有这种经验才有意义。

> 如果这听起来有点奇怪,那么你就需要考虑看的概念在这里已被修改了(在数学中为了避免头晕目眩的感觉,类似的考虑也常常是必要的)。

> 我们谈话,我们说出语词,只是到后来才获得一幅关于它们

的生命的图画。①

这样,我们就不能跟着韦尔顿说,哲学问题不是由世界而是由语言而引起的,因为在以哲学的方式讨论语言时,我们事实上已经是在讨论把什么当作属于世界的。我们关于什么属于实在的领域的观念是在我们所使用的语言中给予我们的,我们所拥有的概念为我们安排了有关世界的经验的形式。有必要提醒我们自己注意这样的一个平常的道理,当我们谈论世界的时候,我们实际上是在谈论"世界"这个表述所意味的东西:我们无法脱离我们据以思考世界的这些概念,而韦尔顿在他关于哲学问题的性质的陈述中正试图这样做。世界对我们而言是通过这些概念而呈现的东西。这不是说我们的概念不会改变;而是说当这些概念改变时,我们关于世界的概念也随之改变了。

15

5. 概念的探究和经验的探究

处理语言混乱的哲学方法有助于阐明实在的本性,对此方法的误解会导致处理这类问题的实际方法的缺陷。像韦尔顿这样的经验主义者系统地低估了那些可以被称之为"先天的"(a priori)东西的作用。对他们而言,所有有关实在的陈述必定是经验的,不然它们就没有事实根据,而先天的陈述是有关"语言的用法"的陈述,它们与"有关实在"的陈述正相反。如果说休谟反对对先天的东西的高估,认为这危及科学的完整性,那么我们也可以说,对先天的东西的低估肯定会损害哲学。这种低估是把对什么是有意义的东西的概念探究混同为必须等待经验来决定其解答的经验的探究。

休谟的下面一段话很好地揭示了这种误解。他讨论了我们关于

---

① Ludwig Wittgenstein. *Philosophical Investigations*(哲学研究). Oxford: Blackwell, 1953, Ⅱ, xi.

未来发生的事情的知识的范围和性质,并认为依靠对过去事件的观察无法逻辑地保证有关未来的任何事情。

> 你自以为从过去的经验中已经学知物体的性质,然而这不免是徒劳的。物体秘而不宣的性质和随之而来的各种效果与影响会发生变化,纵然它们的可感知的性质不变。这样的情况有时会出现,并且事关某一些对象:为什么并不总是如此这般,而且事关所有的对象呢?怎样的逻辑、怎样的论证过程才能确保你否定这个假定呢?①

休谟在这里假定:既然对某些客体的行为的一致性的断言是完全的经验问题,而经验论断会随时被未来的经验所颠覆,那么对一切客体的行为一致性的断言也同样如此。这个假设有令人信服的地方,它之所以令人信服乃在于不愿承认,人能凭借纯粹逻辑的思考先天地论证有关未来经验过程的正当性。并且我们当然也不能说论证自然规则秩序的崩溃是不正当的,这种崩溃可能会使科学工作成为不可能,使讲话、思考甚至生活遭到破坏。但是我们可以而且必须先天地论证以下这种做法的不正当性:按照休谟所使用的术语,即客体的性质、它们的原因和效果之类的术语,来描述这种情况的可能性是不正当的。因为一旦自然秩序这样崩溃了,这些术语也就不再适用了。我们不能因为在这样的秩序内可能存在小的或甚至大的变异,而我们的概念设置没有崩溃,而推论出这样的结论:可以使用我们现存的概念设置(其他还有什么我们可使用呢?)去描述整个自然秩序的崩溃。

这不仅仅是言辞之争。因为像休谟那样的哲学探究的主旨就在于澄清我们关于实在的基本概念,如客体、客体的属性、因果。使用这一类观念必然预先假定我们对我们所生活的世界中的行为的大多数概括具有连续的真理性,指出这一点对这项研究十分重要。

---

① David Hume, *Enquiry into Human Understanding*, Section Ⅳ, Part Ⅱ.

往后我们可以看到,这个问题对社会科学的哲学的重要性更为 17
明显。我将论证,例如,在这些研究中所提出的许多更为重要的理论
问题属于哲学而不属于科学,因而它们应通过先天的概念分析而不
是通过经验探求来解决。例如,什么构成了社会行为的问题就要澄
清"社会行为"这个概念。在处理这一类问题中,不存在"等着看"经
验探索将向我们表明什么的问题;它是一个追踪我们使用的概念的
含义的问题。

6. 认识论在哲学中的轴心作用

现在我可以提供另外一种可供选择的观察方式,以此我们可以
看到认识论和形而上学的问题是如何与那些我们称之为"外围的"哲
学学科相联系的。我至今为止说的所有内容都建立在一个假设之
上——即对于哲学来讲真正基本的东西是有关实在的性质与可理解
性的问题。显然,首先,这个问题必然会让人考虑"可理解性"是什么
含义。什么叫作理解某种东西、把握某种东西的意义? 现在如果我
们来看一看那些使用"理解"这个概念——即"使某物成为可理解的"
这个概念——的语境,我们就会发现,它们之中差别巨大。而且,如
果把这些语境加以比较和分析,"可理解性"这个概念在它所处的文
本中(用赖尔的话来说)是在系统上意义含糊的。这就是说,它们的 18
意义系统地随着其所处的上下文的不同而不同。

比如,科学家试图要使世界变得可理解,但是历史学家、宗教先
知和艺术家也都是这样做,哲学家也不例外。虽然我们可以通过理
解和可理解性的概念来描述所有这些思想家的行为,但显然,在很多
方面他们各自的对象与其他人的对象是不同的。在第三节,我曾试
图说明哲学家和科学家各自追寻的"对实在的理解"概念的种种
差别。

这不意味着,当我们在谈论所有这些探究有关使事物变得可理

解的观念的活动时,我们只不过在说双关语。这里所想得出的结论类似于维特根斯坦在分析"游戏"这个概念时所表明的:在那些能被正确地称为"游戏"的活动中不存在一组共同的并专属于它们的属性。① 正如说足球、象棋、跳棋、单人纸牌都是游戏一样,科学、艺术、宗教和哲学都要使事物变得可理解。正如把所有这些游戏说成是一个超级游戏的一部分,认为只要我们足够聪明就可以学会怎样玩它是愚蠢的一样,认为其他这一切行为的结果应当被总和为一个关于实在的大理论——如一些哲学家所想象的那样,认为发现这样一个大理论是他们的职责——也是愚蠢的。

在我看来,科学哲学应当关心科学家寻求与表达的理解概念,宗教哲学应当关心宗教试图展现一个可理解世界的图像的方式,等等。当然,这些行为与它们的目标应当彼此被加以比较和对照。这样的哲学探究的目的在于帮助我们理解"可理解性"这个概念所涉及的东西,这样我们就可以更好地理解,实在是可理解的这一说法的意思是什么。就我的目的而言,弄清这一点同"小工"这个概念之间的差别是十分重要的。特别是,科学哲学(或所谈到的任何学科的哲学),在其所关心的问题的起源的范围之内,应被视为自主的,而不是寄生在科学之中的。科学哲学的原动力来自于哲学,而不是来自于科学。而且它的目标也不仅是否定性的,即去清除知识道路上的障碍,而是肯定性的,即增加对关涉到可理解性概念中的东西的哲学理解。在这些观念之间的差别不止是文字上的。

初看起来,形而上学和认识论仿佛没有容身之处。因为,如果说可理解性概念(并且,我也应添加实在的概念)在不同的知识学科间存在系统的含糊性,那么对这些观念予以说明的哲学的任务不就应该分解为相关的各种学科的哲学吗? 对认识论做专门研究的想法难

---

① Ludwig Wittgenstein. *Philosophical Investigations*. Oxford:Blackwell,1953,Ⅰ,66-71.

道不正是建立在各种各样的可理解性的概念可以化约为一套单一的标准的错误观念之上的吗？

这是一个错误地推导出来的结论，虽然它提供了一个有益的警告：不要指望从认识论中得到一套有关可理解性的标准的陈述。如果确有什么理解的标准的话，那么认识论的任务毋宁是描述这样的标准必须满足的条件。　20

7. 认识论和对社会的理解

在此，我想做一些初步的说明，认识论的工作为何可以被指望与我们对社会生活的理解相关联。让我们再次考虑伯内特所表述的哲学的主要问题。他问，如果一个人的心灵（mind）能够接触现实，这会对他的生活产生什么差别。让我们首先以最显而易见的方式来解释他的问题。显然，人们决定采取什么样的行为是建立在他们对其处境的观察的基础之上的。例如，某人为了赶上早班火车，会根据他知道的那班火车出发的时刻表来调整他的闹钟。如果有人认为这个例子微不足道而加以反对，那么就请他想一想，诸如闹钟、按时刻表运行的火车，以及有关确定火车的出发时间的陈述是否有误的方法之类的事实对人的生活会造成什么样的差别。哲学在这里关心的是这样一个问题："认识到"如此之类的事实意味着什么？决定按照这样的知识采取行动的一般性质又是什么？

如果我们把这个问题和下一个问题相比较的话，或许我们对它的性质的理解会更清楚一些。这下一个问题是有关认识世界的本来面貌对人的生活的重要性。我想到的是易卜生（Ibsen）在其戏剧《野鸭》（*The Wild Duck*）和《群鬼》（*Ghosts*）中所揭示的道德问题：一个人在其生活中清楚地意识到有关他的处境及其周围关系对他的人生究竟有多大的重要性？在《群鬼》中这个问题表现为：某人由于对自己遗传真相的无知而毁了自己的生命。《野鸭》则从相反方面开始：　21

某人活得心满意足,然而这是建立在他误解了他所认识的人对他的态度的基础之上的;他应该破除幻觉,为了真相的缘故而摧毁自己的幸福吗? 必须注意的是,我们对这两个问题的理解依赖于我们认识到理解自己的生活处境的显而易见的重要性。在《野鸭》中的问题不是理解自己的生活处境是否重要,而是这是否比幸福更重要。

现在,认识论学者在这些情况下的兴趣在于,通过展示一个人拥有这种理解会有什么影响,来解释为什么这种理解对一个人的生活具有如此这般的重要性。用康德的术语来表述,认识论者的兴趣将是这样的一个问题:这样的一种理解(抑或任何一种理解)是如何成为可能的? 为了回答这个问题,必须表明理解这个概念在具有人类社会特征的活动中所起的中心作用。这样一来,讨论对实在的理解取决于什么,将与讨论拥有这样的一种理解可以指望对人生造成什么样的差别的问题融合在一起。这里再次牵涉到对人类社会的一般性质的考虑,即分析人类社会的概念。

22 一个人与其伙伴的社会关系渗透着他有关实在的观念。事实上,"渗透着"这个词还是不够有力:种种社会关系是关于实在的观念的种种表达。例如,在我刚才引证的易卜生所描述的情景中,我们可以看到,除非按照剧中主人公所认为的他周围的人如何设想他的那些观念,即他对他们在过去干了什么,他们将来喜欢做什么等等的看法,否则就不可能描述他对其周围的人的态度,并且在《群鬼》中,还有他关于他在生理上是如何与他们相关联的观念。再者,一个修道士与其他修道士,以及和修道院以外的人之间存在着具有一定特殊性的社会关系;但是如果不考虑围绕着这个修道士生活的宗教观念,对这些关系的理解不免是非常肤浅的。

关于这一点,通过对照我所从事的研究路线如何与被广泛接受的社会学和一般社会研究的概念相冲突——例如,与埃米尔·涂尔干(Emile Durkheim)的观点相冲突——将会变得更加明显。

我认为这个观点极富成效:社会生活不是由那些参与其中

的人的意图而得到说明的,而是由更深刻的、未被意识察觉的原因来说明的。我还认为,这些原因主要应在个人联合为群体的方式中寻找。看来只有这样,历史才能成为科学,社会学才得以生存。①

它也与冯·韦瑟(von Wiese)的观念相冲突。他认为社会学的任务是对社会生活予以说明;在这样做的时候,为了研究他们互相间作为群体生活的结果而发生的影响,不要考虑个人在社会中的文化目标。②

　　当然,这里的关键问题在于,离开了这样一些个人所持的观念,涂尔干的"个人联合为群体的方式"的说法究竟还有什么意义;或者说,抽掉了这样一些个人的文化目标,谈论个人互相间的影响(在冯·韦瑟的概念中)究竟还有什么意义。我会在后面部分再详细论证这些中心问题。在此我只是简单地指出,上述这类立场事实上是与哲学相冲突的,这里的哲学被设想为对人认识实在的性质以及这样一种认识对人生所可能造成的差别的探讨。

8. 规则:维特根斯坦的分析

　　现在我要尝试勾画更为详细的方法的图画,通过这种方法人们对实在的理解的认识论讨论将会有助于解释人类社会和人们之间社会关系的性质。为了达到这个目的,我计划通过对维特根斯坦在《哲学研究》(*Philosophical Investigations*)一书中关于"遵守规则"(following a rule)概念的讨论进行说明,以阐述认识论问题。

　　伯内特说心灵与实在相"接触"。让我们举出一个这类接触的显

---

① 参见 Durkheim 对拉伯里奥拉(A. Labriola)的《论历史唯物主义的概念》的书评,载于 *Revue Philosophique*,1897 年 12 月。
② 参见 Raymond Aron:《德国社会学》(*German Sociology*. London:Heinemann,1957)。

而易见的例子,并考虑什么与它相关。假设我在想,人是在哪一年首次登上珠穆朗玛峰的。我对自己说:"人是在 1953 年登上珠峰的。"这里我想问的是:说我在"想着珠峰"是什么意思? 我的思想是怎么和我所想的事物——也就是珠峰——相关联的? 让我们把这个问题弄得更明显一些。为了避免在此类情况中心灵意象(mental image)功能的复杂性,我假设我用词来明白地表达意思。那么适当的问题就成为:我讲"珠峰"这个词意味着着我指喜马拉雅山脉中的一座山峰,这是如何可能的? 为了带出这两个问题——即心灵与实在接触的性质和意义的性质——之间的关系,我采用了这个迂回的方法来介绍主题。我选择了一个例子,在这个例子中,词的用法的意义是指称某物,这并不是因为我给予了这类意义以特殊的逻辑和形而上学的优先性,而仅仅因为在这个条件下,意义的性质的问题和思维与实在之间关系的问题的关联才十分显著。

首先自然的回答是:我之所以能有意义地使用"珠峰"这个词,是因为我知道它是已经被定义的。有很多种方法可以完成这个定义:或许有人在地图上给我指出了珠峰;或许有人告诉我,珠峰是世界上最高的山峰;或许我可以坐着一架飞机飞越喜马拉雅山脉,有人把珠峰指给我看。为了避免更多的复杂情况,最后让我们想象:使用专门的逻辑术语,让我们注意"实指定义"(ostensive definition)的用法。

情况现在是这样,有人向我指出了珠峰,并告诉我它的名字是"珠峰"。通过这些过去的行为,我得以知道珠峰——这座喜马拉雅山脉中的山峰——的意义。到目前为止一切正常。但现在我要进一步提问:那些过去的行为和我现在使用的词"珠峰"——通过这个词我表达我现在的意思——之间如何关联? 也就是问,一个定义是如何与随后这个表达式的使用相关联的?"遵守"一个定义是什么意思? 对此有一个肤浅的回答:定义产生了意义,正确地用一个词就是按照与定义相同方式去使用它。当然,从某种意义上讲,这个回答是绝对正确也无法反驳的。但是它唯一的缺陷在于,无法解决哲学的困惑："按照与定义相同的方式"使用一个词是什么意思？我如何判断一个用法是和定义的方式相同还是有所差别？

正如从下面的考虑中可以看出，那不只是一个空泛的问题。只从外部的表象看，那么实指定义只是一个手势和我们飞越喜马拉雅山脉时发出的一个声音而已。有可能情况是这样：通过这个手势，我的老师向我定义了"山"这个词，而不是"珠峰"。如在我学英语时那样。在那种情况下也只有当我继续按照与定义相同的方式使用"山"这个词，才证明我掌握了它的正确用法。但是，"山"这个词的正确用法与"珠峰"这个词的正确用法是不同的！所以显然，"相同"这个词给我们呈现了一个系统性含混的另一个例子。除非我们被告知问题出现的上下文，否则我们不可能知道两样东西是否可以被视为相同的。不论我们如何设法以别的方式思考，"相同"这个词根本不存在不变的意义。

但是，至少相同的东西是相同的，难道不是吗？

看来，我们有一种准确无误的同一的范例即事物自身的同一。我要说："在这里就不可能有不同的解释。你看到一个事物，也就看到了同一性。"

那么，是不是当两个事物就像一个事物那样时，这两个事物就是相同的？我又怎么能把一个事物显示给我的东西应用到两个事物的情况上去呢？[①]

我说过，对"相同"这个词的特殊解释取决于问题所处的上下文。可以更准确地说，只有按照特定的规则，我们才能把特定的意义加给"相同"这个词。按照使用"山"这个词的规则，一个人用这个词在不同场合指称珠峰或者布朗峰，每次都是在以同样的方式使用这个词。但某人把布朗峰称为"珠峰"不能和某人把珠峰称为珠峰视为相同的

26

---

① Ludwig Wittgenstein. *Philosophical Investigations*. Oxford：Blackwell，1953，I，215.

方式,所以这个问题——"一个词有意义"是什么意思?——引出了另一个问题:遵守规则意味着什么?

让我们再次从考虑一个想当然的回答开始。我们或许会说:如果某人在相同的场合总是以同样的方式行动,那么他就遵守了规则。这虽然正确,但它并不管用。因为,正如我们所知,只有当规则确定时,"相同"这个词的用法才具有确定的意义。"规则"这个词和"相同"这个词的用法是交织在一起的。("命题"和"真"的用法也是如此。)①所以问题变成:"相同"这个词是如何拥有意义的? 或者说,在什么环境中,说某人的行为遵守规则才是有意义的?

假设,有人已经向我指出了珠峰,并把它定义为"珠峰"。可能为了确定以后这个词的正确用法是什么,我会这样想:"我用这个词来指称这座山。"当然,在我们所说的和所能理解的上下文中,这是可理解的。但是,它是以我们所能说和所能理解的语言的既定机制为先决条件的,这对解决哲学问题毫无帮助。显然,我们不允许对我们正在研究恰好是谁的那种可能性做出假定。要解释"行为和我的决定一致"是什么意思,和解释"行为和实指定义一致"一样困难,不论我多么鲜明地指着我面前的这座山,并多么着重地说出"这座山"这几个词,我的决定还得在未来得到运用,而且准确地讲,什么与这个用法相关仍然有问题。因此,没有什么公式可以帮助我们去解决这个问题;我们应该始终认识到,我们要对这个公式的用法进行解释。

某人在其行为中遵守规则和没有遵守规则的区别是什么? 这里有一个困难:一个人所能做出的行为系列可以被置入某些公式的范围中,只要公式足够复杂。虽然一个人的行为可能被视为是一个既定公式的运用,但它自身却无法保证它自己在运用那个公式。这些有什么区别呢?

---

① Ludwig Wittgenstein. *Philosophical Investigations*. Oxford: Blackwell, 1953, I, 225.

　　想象一个人——我们称他为 A——他在黑板上写下了一系列数 28
字：1、3、5、7。A 问他的朋友 B，这个数列如何继续。几乎每个人在
这种情况下都会回答：9、11、13、15。假设 A 拒绝把这个数列作为他
的数列的继续，他说应该这样写下去：1、3、5、7、1、3、5、7、9、11、13、
15、9、11、13、15。然后他问 B 如何继续。这时 B 有很多选择。让我
们假设 B 又重新换了一个数列，而 A 再次拒绝了这个数列，代之以
另一种他自己的继续下去的方式让我们假设，又这样重复了几次。
无疑 B 最终会说 A 根本没有遵守一个数学的规则，虽然所有这些继
续写下去的数列都可以被置入公式的范围中。A 肯定是在遵守规
则；但他的规则是：每次都强调与 B 提出的数列不同的数列。虽然这
是一个巧妙的规则，但它却不是算术的规则。

　　现在 B 做出了最后的反应，事实上这个反应是相当合理的，尤其
当另几个人也加入了这个游戏，而 A 却始终拒绝他们所提出的数
列——所有这一切指出了遵守规则的概念的重要特征：不仅要把一
个人的行为纳入遵守规则的范畴，而且要把其他人对他的行为的反
应也纳入遵守规则的范畴中。只有当我们有意义地假设另一个人可
以发现我所遵守的规则时，才能有意义地说我在遵守规则。

　　让我们进一步考虑这一点。当 A 写下 1、3、5、7 时，B（代表每个 29
学过基础算术的人）理所当然写下 9、11、13、15 等等，作为当然的事
继续这个数列，把它视为理所当然的事。我之所以可以在那些数字
后面写上"等等"，以及我有信心像几乎所有我的读者一样，以这一种
方式而不是另一种方式写，这一事实本身说明同一个道理："只有当
我视它们为理所当然的事的时候，规则对我才仿佛事先产生出它的
一切后果。正如对我而言，理所当然称这个颜色为'蓝色'。"①这应当
被理解为，这些评语不只限制在数学公式的范围内，而应被运用于所

---

　　① Ludwig Wittgenstein. *Philosophical Investigations*. Oxford：Blackwell，1953，I，
238.

有遵守规则的情况。例如,它们被运用于"珠穆朗玛峰"和"山"这些词的使用:受过一些训练后,每一个人都理所应当地像其他人一样,按同样的方式继续使用这些词。

正是这样,使得我们在给定的文本中给出"相同"这个词的意义。在此注意到以下一点特别重要,理所当然地以这一种方式而不是另一种方式继续,绝不是某个遵循规律的人的特征。只有当其他的人有可能掌握他所做的事情,并也可能以理所当然的方式继续这样做时,他的行为才属于这样的范畴。

> 请想象某个人以下面这种方式把一条线当作规则来遵循:他拿着一支两脚规,使一个针尖沿着规则线移动,此时另一个针尖则画出一条遵循规则的线来。当他这样沿该规则移动时,他改变两脚规的张角。在整个时间看到他显然以极大的精确性注视着规则,似乎他的做法就是由这条规则决定的。可是我们对他的观察,却看不到在两脚规的开合中有什么规则性。我们不能由此看出他遵循这条线的方式,在这里,我们真会说:"原来那条线似乎提示给他应当往哪儿走,然而它却并不是规则。"①

为什么它不是一条规则?因为遵守规则的概念与犯错误的概念在逻辑上不可分。如果可以说一个人遵守规则,那就意味着有人可以说他做的是对还是错,否则,在他的行为中就失去了把握规则的最起码的立足点;用那种方法不能有意义地描述他的行为,因为他所做的每一件事都和他可能做的任何别的事一样好,而规则的概念的重要性则在于它使我们可以对他正在做的事做出评价。

让我们考虑什么与犯错误有关(当然也包括对什么与正确地做某事有关的考虑)。错误与那些被确定为正确的东西相背离;因此,它必须可以被认出是这样一种背离。如果我在使用一个词的时候犯

① Ludwig Wittgenstein. *Philosophical Investigations*. Oxford:Blackwell,1953,Ⅰ,237.

了一个错误,其他人一定可以指出我的错误。如果不是这样,我就可以为所欲为,因为对我的行为而言不存在外部的核查。那就是说,什么也没有确定。把标准归属于任何完全孤立的个人,这样一个标准是无意义的。因为标准是与其他人相关联的,其他人可以对一个人的行为进行核查,而这种核查又是与既定的标准不可分割的。

这里我们必须要加一个限制以防止可能的误解。正如我们所知,人类社会已经建立了语言和制度,在那里个人坚持一套行为的私人规则当然是可能的。然而,维特根斯坦所坚持的首先是,在原则上,一条规则必须可能让别人掌握并决断它是否被遵守;其次,如果一个人对人类社会所建立的规则一无所知,那么假设他可以建立一套完全私人的行为标准,那也是无意义的。在这部分哲学中谈的是,人人参与到遵守规则的一般概念中去;这也就是说,一个人不可以随心所欲地说明什么与遵守规则的概念相关,以及把那个概念已经被预设的情况视为不成问题的。

9. 一些对维特根斯坦的误解

规则必定具有社会的框架,这一点在与关于感觉的性质的哲学问题相关联时尤其重要。因为它暗示,我们用来言说我们感觉的语言是必须被公共接受的规则支配的。那些规则不能像许多哲学家假设的那样,建立在某个人纯粹私人的意义上。维特根斯坦在《哲学研究》中的讨论和这个特殊的问题密切相关。但是,正如 P. F. 斯特劳森指出的那样,维特根斯坦的观点同样适用于反对这样一种观念:有某种不建立在许多个人参与其中的日常生活的基础之上的语言。斯特劳森将此事实视为对维特斯坦的反驳,因为他认为,这就如同宣称我们事实上完全可以想象的东西是不可想象的。他论证道,我们可以想象一种逻辑可能:一个荒岛上的人,他从未去过人类社会,但他发明了一种语言供自己使用。我们也可以想象引入一个观察者 B,

面对这一语言的使用者,他

> 发现了他所使用的词与句子和说话者的行为与环境之间的
> 关联。……观察者 B 因此可以猜测他所使用语言的词的意义。
> 他可能进而会说这种语言,然后又练习使用以核对另一个用法。
> 但是我们可以说,在达到这个幸运的结果之前(使用这种语言来
> 分享"生活形式"),难道这种语言中的词就没有意义,没有用
> 法吗?[①]

对斯特劳森而言,这样的说法显然是不证自明地荒谬的,他的观
点的说服力在于,他似乎成功地进行了连贯的描述——而这种情况,
本来按照维特根斯坦的原则,因为不可想象而不能被描述。但这只
是表象,事实上斯特劳森以未决之问题为论据。由于他的论证中包
括了诸如"语言"、"用法"、"词"、"句子"、"意义"这些词,他没有对这
些词加上要提请注意的引号,而正是这些词的应用是问题之所在,所
以斯特劳森的描述从一开始就已经失败了。说观察者 B 可以"猜测
他所使用语言的词的意义"是没有意义的,除非人们能够按照意义、
语义、用法等概念来谈论他们的观察主体正在做的事。从我们能观
察他做出某些行动和所发出的某些声音这一事实(如果这是在另一
种环境中,即在人类社会的环境中,使用这些词来描述则是完全合法
的),绝不能得出这样的结论:他的活动可以这样合法地描述。B 可
能将他的观察对象和行为与自己的行为相关联这一事实,无法得出
斯特劳森的观点。因为维特根斯坦的全部论证的要点在于,不是那
些行为本身,而是那些行为所发生的社会语境,论证了语言与意义这
样的范畴的应用的正当性。斯特劳森对这些观点未进行辩驳。

诺尔曼·马尔康姆(Norman Malcolm)也很好地揭示了这一点。
正如他所说,斯特劳森的"语言—使用者"可能每次看见一头牛就发

---

① P. F. Strawson. "Critical Notice"(批判的评注). *Mind*, Vol. LXⅢ, No. 249, p. 85.

出一个声音，但是我们要问，是什么使得这个声音成为一个词，而又是什么使得这个词代表一头牛。一个鹦鹉学舌的人也许也会发出同样的声音，但我们不应该说他在（带有理解地）说话。似乎斯特劳森认为：对此不存在什么困难，这个人做了一个标记来指称感觉（在这个例子中是发出一个声音来指称一头牛），[①]但这立刻引出了上节讨论过的难点。更准确地说，最初的意义和随后的声音的使用之间的关系的性质仍是成问题的。

A. J. 艾耶尔对维特根斯坦的立场提出了类似的反驳。如同斯特劳森一样，他倾向于对他假设的"非社会化"的鲁滨逊的行为进行描述，而他所使用的术语的意义却是来自于社会语境。请考虑下面这段话：

> 他（指鲁滨逊）会想，他看见的那只鸟是和他先前命名过的那只鸟属于同一类型，然而事实上却是不同类型的，如果他能更近地观察，足够的差异可以使他给它另一个名字。[②]

34

这当然预设了，在这一上下文中讲"命名"是有意义的，而所有有关我们与同一相关联的困难都是出现在这样一个短语中——"足够的差异可以使他给它另一个名字"。因为"足够的差异"肯定不是在某人的观察的对象中被绝对地给予的东西；只有当某人碰巧遵守了某条规则，它才获得意义。但是，对艾耶尔的论证而言，它独立于任何特殊的规则也可以获得意义。艾耶尔的论证的要害是，他肯定这独立于任何特殊的规则也是有意义的，因为他试图用它作为基础建立独立于任何社会环境的规则的可能性。

艾耶尔还认为，"必定有某人首先使用一个符号"。他希望借此暗示，社会地建立起来的规则明显不能以这种用法为前提。如果是

---

① Norman Malcolm. Article in the *Philosophical Review*（发表于《哲学评论》的文章），Vol. LXⅢ，1954，p. 554.

② A. J. Ayer. "Can There be a Private Language?"（能存在一种私人语言吗?）. *Proceeding of the Aristotelian Society*，1954，Supplementary Volume XXⅧ.

这样，那么建立起来的规则无法在整体上成为符号使用的逻辑上的必要条件。这个论证是吸引人的，但它是荒谬的。必定有这样一个转变过程，即从没有语言的事态变为有语言的事态，但这点并不意味着必定有某个人首先使用语言。这就如同说必定有某个人首先进行拔河比赛一样是荒谬的。那种认为语言首先是有某个人发明的想象是无稽之谈。这一点在里斯对艾耶尔的答复中得到了很好的揭示。①我们可以想象，各种实践在早期人类中逐步产生，而其中没有一个算得上是语言的发明；而一旦这些实践达到某个复杂的水平——这可能会导致误解，要明确地问是什么水平——人们可以说他们拥有了语言的水平。这个过程牵涉到类似黑格尔的"量变导致质变"的原则，对此我将在下一部分加以详细讨论。

有一个在艾耶尔看来尤其重要的反证可以批评维特根斯坦。因为它不仅出现在我所提及的论文中，而且出现在艾耶尔的晚期著作《知识的问题》(*The Problem of Knowledge*)中。维特根斯坦最重要的论证之一如下：

> 让我们设想一张表（某种类似于词典的东西），它只存在于我们的想象之中。词典可以用来证明词 X 翻译成词 Y 的正当性。但如果这样一张表只能在想象中查对，那么我们还把这种情况称作正当性吗？——"是的；那么这就是一种主观的正当性。"——然而正当性就在于诉诸某种独立的东西。——"但是我当然能从一个记忆求助于另一个记忆。例如，我不知道我是否正确记住了一辆火车的开出时间，为了进行核查，我就在心中回忆火车时刻表的那一页看上去是什么样子。这儿的情况不是一样的吗？"——不；因为这一过程需要一种实际上正确的记忆。如果时刻表的意象本身是否正确不能被检验，它怎么能够确认

---

① Rush Rhees. "Can There be a Private Language?" *Proceeding of the Aristotelian Society*, 1954, Supplementary Volume XXVIII, pp. 85-87.

第一个记忆的正确性呢？（正如同一个人买了许多份同样的报　　　36
纸来使自己相信报纸上的东西是真的。）

在想象中查表并不就是查表，正如一个想象的实验的结果
的意象并非就是实验的结果一样。①

艾耶尔的反证认为，任何语言的用法，无论它如何被公共地建立
起来，都会面临同样的困难；他说，即便某个人在一个特殊的场合中
对一个词的用法被其他语言使用者所认可，他还必须认同他们所说
的。"毫无疑问，错误始终会产生，但如果没有进一步的核实，一个人
就无法作出任何识别的话，那样一个人就从来无法确定任何东西。
如若这样，任何描述性的语言用法都将不可能。"②斯特劳森同样认
为，维特根斯坦面临着这样一种反驳，他针对维特根斯坦的观点问
道："我们是否曾经发现我们记错了我们日常语言中某个非常简单的
词的用法，而不得不注意别人的用法来修正它呢？"③

但这个反驳是错误的。维特根斯坦并没有说，任何识别行为都
需要进一步的意义核实，那样我们会陷入无休止的判断中。那显然
会导致无限倒退。很难想象一个不想建立皮浪式（Pyrrhonean）怀疑
论的人会这样做，这与维特根斯坦的本意相距甚远。事实上，维特根
斯坦本人坚持"辨析总得有个终点"。这也是他大多数理论的奠基
石：例如他在处理那种"理所当然"的遵循规则的方法时做的那样。
艾耶尔与斯特劳森误解了维特根斯坦所坚持的看法：用独立的标准　　　37
对单个个人的判断进行核查必须是可能的（标准是独立于那个个人
的意志的）；而只有在特殊的情景中，才实际做出这样一种核查。但，
"如果必要的话这种核查能够做出"这样一个事实，对于在还不需做

---

① Ludwing Wittgenstein. *Philosophical Investigations*. Oxford: Blackwell, 1953, I, 265.

② A. J. Ayer. *The Problem of Knowledge*. London: Macmillan and Penguin Books, 1956, Chapter 2, Section V.

③ P. F. Strawson. "Critical Notice". *Mind*, Vol. LXIII, No. 249, p. 85.

出这种核查的情况下就能被言说的东西,是有着重大关系的。一个单独的语言用法并不是孤立的,它只有处于语言使用的上下文中才具有可理解性。而这个上下文的一个重要部分就是,当错误发生时,具有纠正与核实这个错误的程序。

第二章

有意义的行为的本性

1. 哲学与社会学

在第一章第 7 节中,我试图在一般意义上指出,哲学（被设想为人对实在的理解之性质的研究）如何可以用来阐明人在社会中的相互关系的性质。在第 8 节和第 9 节中,有关维特根斯坦的讨论已经证明了那个假定。因为它已经表明,对人类知识以及与此相关的诸多概念的哲学阐释,要求把这些概念置于社会关系的背景中。如果谈得上近年来哲学已有了一次真正的革命的话,那么这场革命可能就在于强调这个事实及其后果的深刻影响,这是我们在维特根斯坦的著作中所发现的。"必须接受的,给予我们的东西——人们可以说——是生活形式。"①

我在前面说过,认识论与哲学的外围分支的区别就是前者研究

---

① Ludwig Wittgenstein. *Philosophical Investigation*. Oxford: Blackwell, 1953, Ⅱ, xi, p. 226e.

使理解成为可能的一般情况,而后者研究在特定环境下理解特殊形式。维特根斯坦的论述表明可以把这一点按如下方式表述:科学哲学、艺术哲学、历史哲学等学科的任务是说明被称为"科学"、"艺术"等生活形式的特殊性质,而认识论的任务则在于尽力说明作为总体而言的生活形式观念中所包含的东西。维特根斯坦对遵守规则概念的分析,以及他对人与人之间就遵守规则达成的一致所做的说明,为认识论的研究做出了贡献。

这个结论对我们的社会研究的概念,尤其对社会学通论的理论部分和社会心理学的基础研究有着重要的影响。众所周知,相对于其他社会研究而言,社会学应该扮演什么角色一直有争议。一些人认为社会学应该像经济理论与政治理论那样,把特殊的社会研究综合为一个统一的一般社会理论而突显其价值。然而,其他人则只想把社会学看作像被限制在严格的研究对象中的其他科学一样的一种社会科学。而无论人们采用哪种观点,其结果都几乎不可避免地要将有关一般社会现象之性质的讨论纳入到社会学研究中去;这就使社会学必定在适用于社会研究的多种学科中占有特殊的地位。由于40所有那些学科以这样或那样的方式关注社会现象,因此,这就要求对一种社会现象的概念中所包含的东西有一个清晰的把握。甚而,

> 一切有关社会学、都市化、种族联系、社会分层以及社会状况和心灵建构(*Wissenssoziologie*)(知识社会学)的研究课题事实上都是难以分离的,它们有着整体现象特征,这与作为一个整体的社会及其性质联系在一起。①

但是,去理解一般意义上社会现象的本性,去阐释"生活形式"的概念,恰恰就是认识论的目的。无疑认识论者的出发点与社会学家很不相同,但如果维特根斯坦的论述是合理的,那么他迟早得关心这个问题。这意味着社会学和认识论的关系必定不同于但非常接近于

---

① Raymond Aron. *German Sociology*. London:Heinemann,1957,p. 119.

人们通常所想象的那样。我想,一种广泛流行的观念大致如下:任何知识学科都会不时地碰到预示基础理论革命并成为科学研究进程中的暂时障碍的哲学困难。爱因斯坦不得不面对同时性概念中的困境,并且该困境预示了革命性的狭义相对论的形成,这就是一个实例。这些困境有许多特征,其中之一与哲学困境连在一起。并且,这些特征明显地不同于能在正常的科学研究进程中得以解决的技术性理论问题。现在人们通常认为,新近形成的、尚无奠定了其理论基础的学科,当在此之上用以进一步研究时,特别容易产生哲学困境;但这应该只是一个必经的且能尽快得以克服的暂时阶段。而在我看来,这样的说法不适用于社会学;因为在这儿出现的哲学问题不是社会学在踏上其独立的科学道路之前就必须清除掉的烦人的外在的东西。相反,社会学的中心问题是阐明一般社会现象之性质,这本身就属于哲学。事实上,如果用粗话来说,社会学的这部分其实是"私生的"认识论。说它是"私生的",是因为它的问题已经被当作某类科学问题被大大地误解了,从而被不当地处理了。

41

社会心理学教科书中对语言的通常处理表现出这种情况可能导致缺陷。很明显,"语言是什么"这个问题对社会而言至关重要,因为伴随着它的是人们直接面对人类在社会中如何以特定方式相互交往的整个问题。然而,这些重要的问题这类教科书中往往没有被触及。人们可以发现这种交往方式的实例,其中类似的概念可能在不同的社会语言中会随着这些交往方式的不同而不同,其差异与作为生活特征的该社会的主要旨趣间的差异相对应。如果把它与"人拥有一种语言空间意味着什么"这样的讨论结合起来考虑,那将非常有趣且富有启示性。但人们很难触及这一点。取而代之的是,"掌握一种语言"这个概念,以及与此相关的概念,诸如意义、可理解性等,被认为是不言而喻的东西。给人的印象好像先有一种语言(它具有有意义的词语、或真或假的陈述),然后才是这种语言进入人际关系,并被它所进入的这样那样的人际关系所修正。上述看法忽视了,所谓意义

42

范畴之类的东西,其含义逻辑地依赖于人与人之间的社会交往。社会心理学家们通常对此只会耍嘴皮子。比如我们被告知"概念是在群体中生活的人们做重要的事情时相互沟通的产物"①。但作者们到此就不再进一步论述了,除了仅仅指出特殊的概念可以反映他们当下独特的社会生活。他们没有讨论这些概念的存在是如何依赖于群体生活的。并且当他们谈及"体现了一般性"的概念时,他们并不明白这个问题的深度,因为人们不能按照"一般化"这个观念来说明概念是什么。人们并不是首先进行一般化,然后再用概念来表现它们;只有凭借他们拥有的概念,他们才能进行一般化。

2. 有意义的行为

很明显,维特根斯坦对什么是遵守规则的叙述从原则上为我们提供了看待语言之性质的方式。现在我必须表明这种方式如何有助于说明人类相互交往的其他形式。所探讨的活动形式本身是那些与它们相类似的能被应用的范畴形式,也就是那些我们能合适地说它们有一种意义,一种象征性特征的范畴。用马克斯·韦伯的话来说,我们谈得上人类的行为时,"当且仅当一个当事者或诸当事者将某种主观的意义(*Sinn*)与该行为连在一起"②。现在我想考虑有意义的行为(meaningful behaviour)这个观念中包含了什么。

韦伯说,他所说的"意义"是某种"主观地被意向的"(subjectively intended)东西;他还说有意义的行为观念与诸如动机、理由这样的观念联系紧密。"'动机'意为对环境的有意图的建构,这样的环境对于

---

① M. Sherif & C. Sherif. *An Outline of Social Psychology*(社会心理学大纲). New York:Harper,1956,p. 450.

② Max Weber. *Wirtschaft und Gesellschaft*(经济和社会). Tübingen:Mohr,1956, Chapter I.

当事者或观察者来说，是他们的相关的行为的有意义的'理由'（*Grund*）。"①

让我们考虑一下因某种理由而行动的例子。据说某人 N，在上次大选中投了工党的票是因为他认为一个工党政府最有可能保持工业的稳定。这是怎样的一种解释？最明显的情况是，在投票前 N 就已经考虑过投工党票的得失，并且很明显得出这个结论：我将投工党的票，因为这是保持工业稳定的最好办法。这是某人因某种原因而行事的范例。这样说并没有否定在有些情况下，尽管 N 经历了这样一种明确的推理过程，他所给出的这种理由究竟是否属于他行动的真正原因仍有可能存在争议。当然，在大多数情况下无需这样的质疑；而且如果不是这样的话，某种行动的某个理由这个观念将会处于完全失去其意义的危险境地——在我讨论帕累托的著作时，这个观点将显得更为重要。

我引为范例的这个例子并不是唯一在韦伯的概念中涉及的。很明显，这个范例显示了某种我认为更为一般的重要性。试想有一个观察者 O，为 N 投工党票提供了上述解释，然后就应该注意到 O 的这种解释的力量依赖于这个事实：在其解释中出现的概念不只是必须被 O 和听者所把握，而且还必须被 N 自己所把握。N 必定具有什么是"保持工业稳定"的想法，并且把这一点与他希望被选上台的工党政府相关联（就我当前的目的而言，讨论在具体的情况下 N 的信仰是真还是假这个问题并无必要）。

并不是一切有意义的行为的例子都如此一目了然。以下是某些居中的例子。可能 N 在投票之前并未表述他这样投票的理由。但这并不必然排除这种说法的可能性，也就是说他有投工党票的理由并能具体说明这种理由。因而在这个例子中就如在那个范例中一样，其解释的可接受性视 N 对相关概念的把握而定。如果 N 没有理

44

---

① Max Weber. *Wirtschaft und Gesellschaft*. Tübingen：Mohr，1956，Chapter Ⅰ.

解工业稳定这概念,那么说他所做事的理由是希望看到促进工业稳定必然没有意义。

还有一类情况与我的范例进一步偏离,如弗洛伊德在《日常生活的精神病理学》(*The Psychopathology of Everyday Life*)中讨论过的那个例子。N忘记寄信,并在反思后坚持认为这"只是一个疏忽",对此不存在什么理由。一个弗洛伊德式的观察者可能坚持说N"必定有某个理由",尽管这个理由N并没有明显地意识到,比如可能N将寄信和在其生活中令他痛苦而欲加以隐藏的事件连在一起。用韦伯式的术语来说,弗洛伊德把它们归为"有意义地导向的"(*sinnhaft orientiert*)行动,而这些行动对于不经意的观察者来说根本感觉不到。在他的边缘案例的讨论中,韦伯似乎提到了这种例子,他说这种行动的意义"对于那些专家来说"才显而易见。这就意味着必须谨慎地对待他所说的"主观地被意向的东西"的意义:例如,他较莫里斯·金斯伯格(Morris Ginsberg)更为谨慎,后者似乎认为韦伯在说,社会学家对他者行为的理解必须依赖于与他自己内省经验的类似性。[①]在韦伯的批评者和他的庸俗的跟随者那里,对韦伯的这种误解非常普遍;对于这一点我在后面将详细论述。但是韦伯对主观观点的坚持可以用一种不为金斯伯格的反对意见所知的方式得到阐明,他的意思是即便是弗洛伊德式的解释(如果它们是可以接受的)也必须以当事者和观察者都熟悉的观念来表达。如果N自己没有理解"获得提拔而在某人之上",而说N因不小心寄信给X(比如说清偿清单)来表达自己对X被提拔而在自己之上的无意识的不满的话,那么这是没有意义的。这儿值得一提的是,在心理治疗过程中寻找这种理由时,弗洛伊德主义者尽力要让病人自己明白所举理由的有效性;的确可以这样说,这一点几乎是它之所以被接受为"正当的"解释的条件。

---

① Morris Ginsberg. *On the Diversity of Morals*(论道德的差异性). London: Heinemann,1956,pp. 153 ff.

有意义的行为的范畴还拓展到当事者根本没有任何在已讨论过的意义上的"理由"和"动机"的行动,而在《经济与社会》第一章中,韦伯将有意义的行为与"纯反应"行为(*bloss reaktiv*)做了对比,并认为纯粹传统的行为处在这两者的边界线上。但像塔尔科特·帕森斯(Talcott Parsons)指出的,韦伯所说的并不一致,有时他似乎只把传统行为看作是一种习惯,但有时却把它看作"一种社会行为,其传统主义在于某些稳定因素,而这些稳定因素不受理性或其他批判的影响"①。与固定的生活水平相关的经济行为被引为行为实例,也就是说在那样的一种行为中,一个人不会为了提高生活水平去提高自己的生产能力,而以较少工作取而代之。帕森斯认为这种意义上的传统并不等于纯粹习惯,而具有规范的特征。也就是说,传统被视为一种能在可供选择的行动中提供指导的标准,这样很明显它就成了一个意义范畴。

假定无论 N 受到多大的压力,却依然不加思考地,毫无理由地去投工党的票。假定他只是毫不怀疑地学投工党票的父亲和朋友的样子去干而已(这个例子必须与 N 知道他投工党票的理由是他父亲和朋友经常这样做的例子区分开来)。在此,尽管 N 不是因为某种理由而行动,他的行动仍然有确定的意义。他所做的不单单是在一张纸上做记号,他是在投票,我要问的是,是什么赋予他的行动以这种意义,而不是在一场游戏中走一步或某种宗教仪式的一部分。更为普遍的是,我们根据什么标准把有某种意义的行动与没有意义的行动区分开来。

在《R. 施塔勒姆对唯物主义史观的"克服"》一文中,韦伯考察了一个假设案例,在该案例中,两个"非社会性"存在者相遇并在纯粹物

---

① 　Talcott Parsons. *The Structure of Social Action*（社会行为的结构）. London：Allen & Unwin,1949,Chapter XVI.

理意义上"交换"物品。① 他说,只有当这种现象具有某种意义时,它才能被视为一种经济交换行为。他进一步指出,两个人目前的行动必须具有或表现他们将来行为的规则。有意义的行为是象征性的,它将伴随某些特定的行动,即可以承诺当事者在将来以某种方式而不是以其他方式行动,"承诺"观念用在我们正在处理的具有直接社会意义的行动比如经济交换或遵守诺言上最合适不过了。但它也适用于更具"私人性"的有意义的行为。因而,与韦伯所用的例子一样,如果 N 把一张纸条夹在一本书的两页纸之间,只有他在行动时有用这张纸条决定他在什么地方开始重读的这种观念时,他才可以说是在"用书签"。但这并不意味着在将来他必须确实这么用这张纸条(尽管那是一个范例);关键点是如果他不这样做,那么就会有一些特殊的理由,比如他忘记了,改变主意了,或者对那本书感到厌烦了。

通过我现在所做的事情承诺在将来做某件别的事情的观念,在形式上,同一个定义和被定义的词随后的使用间的关系是同一的(这我在上一章讨论过)。由此可推论出,仅当我目前的行为是规则的运用,我才能通过现在做的事情承诺某件在将来的事情。现在根据上一章的讨论可知,只有当相关的行动与社会环境有联系时,这才是可能的。即使是最私人性的行动,也必定是这样,只要这些行动是有意义的行动。

48　　现在让我们回到 N 的投票活动,它的可能性取决于两个前提:首先,N 必须生活在一个有特定政治机构(一个以特定方式组成的议会和一个以特定方式与议会发生关系的政府)的社会中。如果他生活在一个政治结构是宗族式的社会中,那么很明显,无论他的行为在表面上与一个政府由选举产生的国家的投票者的行为是如何的相似,说他是为某一届政府"投票"也是没有意义的。其次,N 自己必须

---

① Max Weber. *Gesammelte Aufsätze zur Wissenschaftslehre*(科学学说论文集). Tübingen:Mohr,1922.

熟悉那些机构,他的行为必须是对国家政治生活的一种参与,这假定了他必须意识到他所做的和选举后上台的政府间的象征关系。这一点将显得尤为明显,当考虑到这样的一种情况,外来的管理者把"民主体制"强加给对这种政治生活方式感到陌生的社会中去。这种国家的居民可能被哄骗而去在纸片上做记号并把它们投进箱子里。但是如果语词要保有意义的话,那么就不能说他们"投票",除非他们懂得他们正在做的事的意义。这样的说法仍然有效,即使这届政府确实是凭借这种"投票"结果而上台的。

3. 可选择项与规则

我已经指出,对有意义的行为的分析必须赋予规则概念以核心地位,而且,一切有意义的行为(因而所有特指的人类行为),就其有意义这一事实而言(*ipso facto*),都是由规则支配的。人们可能反对这种说法,因为它使必要的区分变得模糊,即有些行为包含了遵守规则的参与者,其他的却没有。比如,自由思考的无政府主义者当然并非过着一种修士或军人意义上的被规则所束缚的生活。那么把那些非常不同的生活模式置于一种基本范畴之下是否正确呢?

这种反对肯定表明我们必须小心地运用我们制定的规则观念;但它并不是指我采用的这种说法不合适或没有启发性。在我所讲的规则的意义上,说无政府主义者在行动时遵守规则与修士遵守规则一样为真,注意到这一点很重要。这两类人的区别不在于一类遵守规则,而另一类不遵守规则,而在于每类人相应地遵守不同种类的规则。修士的生活被明确而严格划定的行为规则所束缚;在需要行动时,它们几乎没有为个人的选择留下什么空间。另一方面,无政府主义者都尽可能地避开明确的规范,并以"随机应变"为荣。也就是说,对他而言,他的选择不是事先由他正在遵守的规则决定的。但这并不意味着,从对他的行为的描述中我们可以把规则观念完全清除掉。

49

我们不能这样做,因为(如果允许我使用一个有意义的赘述)无政府主义者的生活方式是一种生活方式,它也可以与一个狂怒的精神失常者的无意义行为区分开来。当无政府主义者行动时,他们有行动的理由;他所强调的是不要被明确而严格的规范所支配。尽管他保留了选择的自由,但他所做出的选择仍然是有意义的选择:这样的选择是由他们的思考指导的,并且他可以为选择这种做法而不是那种做法而提出好的理由。由此可见,那些用以描述无政府主义者行动模式的本质性的观念恰恰是以规则观念为前提了。

在这儿一个类比可能有用。为了学会写英文,人们需要遵守许多非常简洁明了的语法规则,比如一个复数名词后面接一个单数动词就是错误的。这与支配修士生活的明确的规则大致对应。根据正确的语法,人们在写"They were"和"They was"之间并没有选择的余地:如果人们能够按照语法写,那么他们对此应该使用哪一个表达的问题就不会产生。但这不是人们要学的唯一的东西,人们还可以学习遵守一定的风格原则,这些原则在指导某人的写作方法时并不强行规定一个人依一种方法而不是另一种方法写作,因而人们可以有个人的写作风格,只是在一定范围之内才存在按正确的语法或错误的语法进行写作的问题。但由此得出结论说写作风格根本不被任何规则所支配,则是完全错的:它是某种能够被学习和被讨论的东西,而它之能被如此学习和讨论这一事实对我们关于它的概念来说是本质的。

或许支持该种观点的最好办法是考察一个有说服力的反证。在《剑桥杂志》(*Cambridge Journal*)①的一系列文章中,奥克肖特(Michael Oakeshott)提供了这种实例。他的许多论证与这里所谈的关于人类行为的观点相吻合。在对其余部分进行批评之前,我先考虑相吻合的这一部分。

---

① 再版于《政治中的理性主义》(*Rationalism in Politics*. London:Methuen,1962)。

与我曾提倡的观点非常一致的是奥克肖特对他称为"理性主义的"(rationalistic)有关人类才智和理性之本性的错误观念的拒斥。[①]根据这种错误观念，人类行为的理性从外部而来：从按照它们自己的法则来运行的理智的功能而来，并且这些功能在原则上完全独立于特殊的行为方式，尽管它们可以被应用到这些行为方式中去。

他所反对的这种观点的一个很好的例子（奥克肖特自己没有讨论过它）是休谟的著名断言："理性是而且只应是激情的奴隶，除了为激情服务并遵循激情之外，它从来不可以伪称有其他职责。"这种观点认为人类行为的目的是被人类感情的自然结构设定的；那些目的已经给定，理性的职责主要是决定达到这些目的的合适的方法。由此假定，具有人类社会特征的活动源自理性与激情的相互作用。为反对这种观点，奥克肖特非常正确地指出："一个厨师不是一个先有一块肉排的意象然后再去做肉排的人；他是一个烹调技术熟练的人。他的计划和成功都来自这种技术。"[②]一般来说，在人类生活中所寻求的目的和所应用的手段，就其从社会活动的形式中产生出来而言，其存在依赖于这些形式。比如，一个宣称其目的是与上帝相融合的宗教神秘主义者，只能被那些熟知那种宗教传统的人所理解，在那里人们渴求达到这一目标；一个宣称自己的目的是使原子产生核裂变的科学家只能被那些熟悉现代物理学的人所理解。

这导致奥克肖特再次非常正确地主张，人类活动的形式永远不能在一套明确的规范中得到概括。活动"超出"规范，例如，规范必须应用于实践，尽管我们可以制定另一套规定第一套规范如何被使用的更高秩序的规范，但我们不能不意识到继续沿着这条道路走下去会滑向一个无止境的深渊。刘易斯·卡罗尔(Lewis Carroll)在他那篇正受逻辑学家喝彩的论文《乌龟对阿基里斯说了什么》("What the

51

52

---

① Michael Oakeshott. "Rational Conduct"（理性行为）. *Cambridge Journal*, Vol. 4.

② Michael Oakeshott. "Rational Conduct". *Cambridge Journal*, Vol. 4.

Tortoise Said to Achilles")①中指出了这一点。

阿基里斯和乌龟正讨论三个命题 A、B 和 Z，这三个命题如此联系：Z 是从 A、B 逻辑地推导出来的。乌龟要求阿基里斯向他说明，如果他已接受 A、B 为真，但还不承认假言命题（C）："如果 A、B 为真，那么 Z 必真"，如何从逻辑上逼他承认 Z 为真。阿基里斯从要求乌龟承认 C 开始，乌龟接受了这一点；于是阿基里斯在他的笔记本上记下：

A

B

C（如果 A、B 为真，Z 必为真）

Z。

现在他对乌龟说："若你接受 A、B 和 C，就必须接受 Z。"当乌龟问原因时，阿基里斯回答："因为 Z 是由它们逻辑地推导出来的，如果 A、B、C 都为真，Z 就必定为真（D）。我想这一点你不会反对吧？"乌龟表示同意接受 D，如果阿基里斯将它写下来的话。然后对话继续。阿基里斯说：

"既然你接受 A、B、C 和 D，当然你就得接受 Z。"

53 　"是吗？"乌龟天真地说道，"让我们弄清楚点，我接受 A、B、C 及 D，要是我仍拒绝接受 Z 呢？"

"那么逻辑就会逮住你，并迫使你承认它！"阿基里斯眉飞色舞地回答道。"逻辑会告诉你，你不得不如此，既然你已经接受了 A、B、C 和 D，那么你就必须接受 Z，你别无选择，明白吗？"

"逻辑告诉我们的一切都值得记下来。"乌龟说道，"那么请把它写进你的本子里，我们将称它为（E）如果 A、B、C、D 皆真，Z 必真。当然在证明 E 之前，我是不会认同 Z 的。所以，这是必需

---

① Lewis Carroll. What the Tortoise Said to Achilles（乌龟对阿基里斯说了什么）. *Complete Works*. London：Nonesuch Press，1990.

的一步,明白吗?"

　　"我明白。"阿基里斯说道,语气中略带一丝忧伤。

　　故事的结尾是这样的:几个月后,故事的叙述者回到了这一地点,发现阿基里斯和乌龟还坐在那里,那本笔记本几乎写满了。

　　如果不厌烦我饶舌的话,我还想指出:这个故事的寓意在于,得出一个推论的实际过程(这毕竟是逻辑的核心),是不能被表述为逻辑公式的某种东西;进一步说,自一套前提推论出一个结论的充分理由就是看到结论事实上确实是有效的。强调任何进一步的论证并非过分小心;它将显示出对推论的性质的误解。学习推理不只是学习命题间的明确的逻辑关系的问题,它是学习去做某件事情。奥克肖特所做的实际上是把这个问题一般化;在卡罗尔只涉及逻辑推论的地方,奥克肖特则讲到人类行动普遍具有与此相似的特点。

54

4. 规则与习惯

　　上面所述与首章列出的观点相当吻合。原理、规范、定义、公式的意义都源自它们运用于其中的人类社会活动的背景。但奥克肖特希望更上一层楼,他认为这样一来,大多数人类行为都可以用习惯(habit)或习俗(custom)观念充分地描述出来,而规则(rule)和反思(reflectiveness)的观念对于它来说都不是本质的。在我看来,这是一个错误,我现在要努力来证明这一点。

　　在《巴别塔》("The Tower of Babel")中奥克肖特区分了两种形式的道德:"作为友爱和行为的习惯的道德"和"作为对道德标准的反思应用的道德"。[①] 他好像认为"习惯性"道德可以与"反思性"道德相分离而存在。他说,在习惯性道德中,我们碰到的情况"既不是通过有意识地运用行为规范于我们自身,也不是通过被视为道德理念的

---

① Michael Oakeshott. "The Tower of Babel"(巴别塔). *Cambridge Journal*, Vol. 2.

行为,而是通过与一定的行为习惯保持一致来处置的"。那些习惯不是通过规范,而是通过"与那些以一定的方式习惯性地行动的人生活在一起"而学会的。奥克肖特好像认为习惯性行为与规范性行为的区分在于一种规则是否被有意识地加以运用。

与此相反,我想说的是:检验一个人的行为是否运用了规则不在于他是否能够表述规则,而在于他对行为方式之对与错的区分,是否与他的所作所为有意义地联系起来。只有在这样的联系有意义的地方,说他在行事时应用了标准才是有意义的,纵然他没有或可能无法去表述这样的标准。

学习如何做事不只是模仿其他人所做的事;它可能从模仿起步,但老师对学生的才智的评估恰恰在于后者不只是简单地出于模仿而去做事的能力。维特根斯坦曾经很好地描述了这种情况。他要我们想一下被教会写自然数序列的人。或许开始时他只能抄写下老师手把手教他的数字,然后老师要求他自己独立地做"同样"的事。

> 在这里已经会有正常的和不正常的听从者的反应……我们可以想象,比如说,他的确独立地抄写着这些数字,但写的次序不对,没有规则地时而这样写,时而那样写。于是互相理解就在这里结束。或者再设想,他在次序上犯了"错误"。——这种情况与第一种情况的区别当然是频率上的区别。——又或者他犯的是系统的错误;比如他隔一个数抄一个数,或把 0、1、2、3、4、5……写成了:1、0、3、2、5、4……这时我们倾向于说他理解错了。[①]

这里的要点在于学生应该以这一种方式而不是以另一种方式对老师的示范做出反应。他要学的不只是遵循老师之示范的习惯,而且还要意识到遵循这一示范的某些方式是被允许的而另一些则不被允许,也就是说他必须获得运用标准的能力。他必须学会的不仅是

---

① Ludwig Wittgenstein. *Philosophical Investigations*. Oxford: Blackwell, 1953, I, 143.

用与老师相同的方式做事,而且还要懂得怎样才算同样的方式。

我们可通过维特根斯坦的例子把这种区别的重要性带上一个台阶。学习抄写自然数序列并不仅是学习抄写示范给他的一个有限的数字的系列,它还包含着有能力继续写下那些没有给出的数字。在一定意义上,也就是说,它蕴含着做一些不同于原来示范的事情;但就遵守规则而言,这可被视为"以相同的方式继续"按示范给他的内容做下去。

在某种意义上可以说,获得一种习惯就是获得一种继续做同样的事的习性。在另一种意义上可以说,只是在学习规则时,这才是真的。这两种意义是很不相同的,它们关系到重大的差别。让我们考虑一下动物形成习性的情形:这儿没有什么"标准的反思性运用"的问题。想象一下 N 教他的狗把一块糖摆在它的鼻子上,而在 N 命令它之前不能吃糖。狗获得了一种以某种方式回应 N 的行动的习性。这样我们就有了一个典型的例子,它很好地符合行为主义者所喜欢的刺激与反应的范畴。然而,如果 N 只是一个爱狗者而非一个科学家,毫无疑问会不同地说,他会说狗学会了某种技巧。这种说法值得注意,因为他对狗的行为的评价完全不是按照刺激—反应这套范畴来进行的。现在他可以说,狗"正确地"或"错误地"运用了这种技巧。重要的是把它当作一种拟人化的说法;它需要参考人类行动和规范,类比地把它们运用于动物。只是鉴于一种狗对人的关系,才使狗掌握了一门技巧这说法变得可以理解;一旦完全脱离与人的关系,对犬类行为的描述无论多么的详尽,都无法阐明狗学会了某种技巧。

相同,在考虑"每当发出命令,总是做同样的事"这句话时,要注意命令是由 N 做出而不是由狗做出的。确实,说狗这样做是无意义的。只有联系到 N 的目的,他们的行动才蕴含着技巧这个概念,狗"总是做同样的事"这个陈述才有意义。

但是狗对习惯的获得并不包含着它对"在同样的情况下做同样的事"的理解,而这样的理解正是人能够说自己掌握了规则所必须具备的;并且这也包含在奥克肖特想用习惯观念加以描述的那些活动形式的获得之中。以法律做个类比在这儿或许有用。在众多方面,奥克肖特对两种道德形式的区别与成文法(statute law)和案例法(case law)的区别相类似。罗斯科·庞德(Roscoe Pound)把成文法指为"规则的机械运用",并进而把它与涉及"直觉"(intuitions)的案例法区别开来(回忆一下奥克肖特按照"公告"对政治的讨论①)。罗斯科·庞德的这种区分法律的态度类似于奥克肖特区分道德的态度。有时这或许是一种有用的说法,但它必须不至于使我们看不见这样的一个事实:对先例的解释,正如应用成文法一样,在我所说的那种意义上涉及遵循规则。正如奥托·卡恩-弗罗恩德(Otto Kahn-Freund)所说的:"人们不能扔掉联结一个判决与另一个判决的原则,正是这原则使得司法的行为超越纯粹权宜之计的领域。"②

只有当过去的先例不得不应用于一种新案例时,规则的重要性和性质才变得明显。法庭必须询问在先例判决中涉及了什么,而除非在某一情境下的判决能被合乎情理地视为规则的运用,否则这个问题不会有意义,尽管这种运用可能是无意识的。这同样适用于法律之外的人类活动的其他形式,尽管在其他地方规则可能从未制定得如此明确。正因为人类行为为规则提供了范例,我们才可以说过去的经验与我们当前的行为有相关性。假如它仅仅是一种习惯的问题,那么可以说我们当前的行为肯定受到过去行为方式的影响;但那将只是一种因果上的影响。因为过去所发生的事,狗才以一定的方

---

① 参见 Michael Oakeshott:《政治的教育》(*Political Education*. Cambridge:Bowes and Bowes,1951)。

② Karl Renner(序言由 O. Kahn-Feund 所作). *The Institutions of Private Law and Their Social Function*(私法体制及其社会功能). London:Routledge & Kegan Paul,1949. 对 Roscoe Pound 的引述参见他的《法哲学导论》(*Introduction to the Philosophy of Law*)第Ⅲ章。列维(E. H. Levi)则用实例清楚地说明了对司法先例的解释涉及规则的运用的方式。参 E. H. Levi:《法律推理导论》(*An Introduction to Legal Reasoning*. Chicago:University of Chicago,Phoenix Books,1961)。

式对 N 的命令做出反应；如果我被要求继续数超过 100 的自然数序列，我会因为过去的训练而以一定方式行事。然而，"因为"这个词被不同地用于两种情况：狗以一定的方式做出条件反射，而我知道怎样依据我所学到的东西以正确的方式行事。

5．反　思

奥克肖特做出的许多关于习惯的行为模式的陈述听起来像我所说的有关受规则支配的行为。

59

> 习惯总是适应于情境的细微变化并易受其影响。这看起来是一个矛盾的论断；我们被告知：习惯是盲目的。然而，在不知不觉中有一些不再被遵守了；习惯不是盲目的，它之盲目只是"如蝙蝠一般"。任何研究过习惯性行为传统（或者任何一种其他类型的传统）的人都知道，僵硬性和不稳定性都不是习惯的属性。其次，这种道德生活的形式是能够变化和会有局部变动的。确实，没有什么传统的行为方式、传统的技能是一成不变的，它的历史只是一种连续的变化而已。①

然而，我们涉及的问题不单是一个措辞的问题。奥克肖特坚持认为他在这里所说的这种变化和适应性是独立于任何反思原则而出现的，而我要说的是反思的可能性对于那种可适应性来说是本质的。没有这种可能性，我们要处理的就不再是有意义的行为，而要么是单纯的对刺激物的反应，要么是真正盲目的习惯的现象。我并不是说，有意义的行为只是先前已经存在的反思原则所产生的效果；这样的原则是在行为过程中产生出来的，并且只有联系到从中产生出它们的那些行为它们才是可理解的。同样地，从中产生出这些原则的行为的性质也只有作为这些原则的具体体现才能被把握。行为的原则

60

---

① Michael Oakeshott. "The Tower of Babel". *Cambridge Journal* , Vol. 2.

(或准则)的概念和有意义的行为的概念就像维特根斯坦说的规则概念和"同样"(the same)概念一样是互相交织在一起的。

看到这里,让我们留意一下有关奥克肖特所断定的两种形成对照的道德形式的看法。他说,"在这儿我应该做什么"这种道德形式的困境,仅当某人自觉地试图遵循明确表述的规则时,才可能产生出来,这样的困境对于那些非反思地遵循习惯的行为模式的人是不会产生出来的。这或许是真的,正如奥克肖特所断言的,当某些人试图遵循明确的规则,而对规则的应用又缺乏日常经验的基础时,他们就更经常和紧迫地感到要进行内心反省。但解释与一致性的问题,即反思的问题,对于任何不得不处理与以往经验相异的情形的人,都是注定会出现的。在一个迅速变化的社会环境中,这样的问题会更经常地产生,这并不只是因为传统的习惯性行为模式已被打破,而是因为那些行为模式不得不运用于新的情况。当然这一系统的变化最终会导致传统的瓦解。

奥克肖特说西方道德的困境是"我们的道德生活已被追求理念所支配,这种支配瓦解了既成的行为模式"[①]。但造成任何类型的既成行为模式瓦解的东西是不稳定的环境。唯一能响应环境变化而经历意义发展的生活模式是一种在自身之内包含评价其所规定的行为意义之方法的生活模式。当然,习惯也随着环境的变化而变化。但人类历史不只是对变化着的习惯的一种说明,它是关于人类如何尽力把那些他们认为在行为模式中重要的东西继续贯彻到他们势必面对的新情况中去的故事。

事实上,奥克肖特对反思的态度与他一开始就在讨论中确定的一个非常重要的观点相左。他说道德生活是"可选择的行为"。尽管可以说这种"可选择性"并非一定要有意识地出现在当事者的心目中,但它必须是某种能够被带到当事者的心目中的东西。只有当当

---

① Michael Oakeshott. "The Tower of Babel". *Cambridge Journal*, Vol. 2.

事者面临对他的行为的指控能为自己之所以这样做进行辩护时，这一条件才被满足。或者至少他必须能够理解他不这样行动的理由。为回应主人命令而把糖平衡地摆在鼻子上的狗没有关于如若做出不同反应将会出现什么情况的观念（因为它根本就没有对它正在做的事情的观念）。因此，对于做什么它没有选择的能力，它只是对适当的刺激物做出了反应。一个诚实的人会禁止自己去偷钱，尽管他非常需要钱并能轻易做到；这种需要另类行为的念头根本从未出现在他的脑海中。然而，他有选择不同的行动的能力，因为他知道自己所处的境遇和他正在做的（或不去做的）某事的性质。理解一件事也包括理解与此相反的事：我理解什么叫作诚实的行为就如同（且不啻于）我理解什么叫作不诚实的行为一样。这就是为什么我们说行为是理解的产物的原因，并只有如此，行为才是可选择的。

第三章
作为科学的社会研究

1. J. S.穆勒的"道德科学之逻辑"

　　在上一章中,我曾试图展现第一章所呈现出来的那种哲学观是如何导向对于人类社会活动的本性的讨论的。接下来,我们将考察我们在自然科学的基础上理解社会时所出现的那些困难。基于下述两个理由,我的讨论将始于约翰·斯图亚特·穆勒(John Stuart Mill):其一,穆勒所朴素地陈说出来的观点,正好构成了当代社会科学家中很大一部分人的态度的基础——纵然他们自己并不总是会去澄清这一点;其二,许多将社会研究视为科学的复杂诠释(我将在考察穆勒后再去审视这些诠释),最好就被干脆理解为对于穆勒观点中

的一些明显缺陷所做的补救努力(尽管我并不是想暗示:正是这些补救,展现了这些观念的真实历史起源)。

　　像我们的许多同时代人一样,穆勒将这些"道德科学"的状态看成是"科学表面的污渍"。祛除此污渍的办法是这样的:将运用于那些课题中的方法加以一般化,"从而使所有注意到相关证据的人对所

获得的结果最终达到一致赞同"①。出于这一理由,他将社会研究仅仅视为关于科学的哲学的一个分支。"如果我已经成功地列举并刻画了那些一般科学的话,那么适用于道德与社会科学的研究方法就一定也已经被描述过了。"②这就意味着:尽管其《逻辑体系》(A System of Logic)第Ⅵ章题为"道德科学之逻辑",但其实穆勒并不真的相信有一种"道德科学的逻辑"。道德科学的逻辑与其他任何科学的逻辑是一样的,(而在他看来,)我们面临的所有问题仅仅是:如果逻辑在道德科学所研究的特殊主题中的运用产生了一些困难的话,我们又该如何阐明这些困难呢?

穆勒的讨论之主体部分所致力于完成的正是这项任务。在这儿,我更想检验一下他的讨论所视为当然的一个论题的有效性。为了理解这个论题,我们需要在总体上考察穆勒关于科学研究的观念,该观念之基础乃是休谟关于因果关系之本性的观点。③(在休谟看来,)说什么 A 乃是 B 的原因,并不是去断言在 A 与 B 之间实存着什么理智的(或神秘的)联系,而仅仅是在说:B 对于 A 在时间上的继起关系,仅仅是针对如下效果的一种概括(generalization)活动的一个例子——在像 A 这样的事件发生之后,我们总能在经验中发现一些像 B 这样的事件紧随之。

若科学研究是存身于对于因果关系的建构的话,那么看上去就会出现这么一个情形:在任何一个可能建立起概括的地方,其相关主题就可能成为我们科学研究的对象。说实在的,穆勒走得比这还要远,他写道:"所有按照恒常的规律彼此相续的事实本身都适宜成为科学的课题;尽管这些规律可能还未被发现,或依据我们现已具备的

64

① J. S. Mill. *A System of Logic*(逻辑体系),Book Ⅵ,Chapter Ⅰ.

② J. S. Mill. *A System of Logic*,Book Ⅵ,Chapter Ⅰ.

③ 参见 David Hume:《人类理解研究》(*Enquiry into Human Understanding*,Section Ⅳ);J. S. Mill:《逻辑体系》(*A System of Logic*,Book Ⅱ)。

手段,它们仍是不可被发现的。"①这也就是说,在有齐一性(uniform-ities)的地方,以及在我们还没有准备好去发现齐一性,并通过概括来系统地阐说出齐一性的地方,也可能存在着齐一性。

穆勒引用气象学的当代研究状况作为例子。每个人都知道,大气环境的变化是受制于一些规律的;这些变化因此就是科学研究的恰当课题。但由于"我们在观察那些气象现象所依赖的事实时所面临的困难",气象学研究还没有取得长足的进步。关于潮汐的理论(即"潮汐学")的情况就要稍好一些,因为科学家们已经发现了潮汐运动一般所依赖的那些现象。但是,潮汐学家仍然无法精确地预言在一些特殊的环境中所发生的情况,这是由月球运行的引力效果与当地条件的复杂性造成的。②

穆勒假定说,"人性的科学"(science of human nature)应当至少能发展到潮汐学的水平。由于诸可变因素所具有的复杂性,我们也许仅仅只能就社会情况的可能结果做一些统计性的概括。他说:"那些决定着人类特征的机制是如此的众多与繁杂……以至于在综合的效果中,这些机制从不会在两个不同的事例中呈现出一种精确的相似性。"然而,

> 在社会研究中,对于大多数实践目的来说,一种近似的概括是等价于一种精确的概括的。这只有当我们无偏见地选择所要加以断言的个人时才是可能的,只有当大众的特性和集体的行为被确认时才是确定的。③

正如地球上不同地方的潮汐规律之间的不同并不意味着根本就没有什么统一的规律制约着这些现象一样,人类行为之间的差异也并不意味着没有什么关于人类行为的统一规律。个体性的差异将通

---

① J. S. Mill. *A System of Logic*, Book Ⅵ, Chapter Ⅲ.
② J. S. Mill. *A System of Logic*, Book Ⅵ, Chapter Ⅲ.
③ J. S. Mill. *A System of Logic*, Book Ⅵ, Chapter Ⅲ.

过那关于具有高度多样性的个体处境的规律而得到说明。这样，宽泛的统计性概括终究是不够的：这些概括必须"被演绎地联系到导致这样的结果的自然律（laws of nature）"。这些终极的自然律乃是《逻辑体系》第Ⅵ卷第Ⅳ章所讨论的"心灵法则"（laws of mind）。它们与"经验法则"之不同不在于种类上，而在于普遍性程度与精确性程度上。与所有科学规律一样，"心灵法则"也是关于齐一性的陈述，只不过这里所说的齐一性乃是"心灵状态间的相继关系的齐一性"。穆勒提出了这样的一个问题：这种齐一性是否应当被还原为在生理状态与心灵状态之间的相继关系所具有的齐一性呢？穆勒自己所给出的结论是：建立一系列不依附于生理学的独立的心理学规律的可能性，并不会受到这个问题的干扰——尽管在某一天我们是可能在相当程度上进行上述还原的。

"性格学，或关于性格发展的科学"是可以奠基在我们关于心灵法则的知识的基础之上的。[①] 这种科学包括了关于人类心灵之发展的研究。在穆勒看来，这种发展就是从普遍心灵法则在特殊人类的个体化环境中的运作中推导出来的。这样，他将性格学看成是"全然演绎"的东西——与之相对应，心理学却是观察性的、实验性的。

> 关于性格之形成的法则是……派生法则。它们是从关于心灵的普遍法则中导出的。它们是这样得到的：通过假定任何一个系列的被给定的环境因素，我们将它们从那些一般法则中演绎出来；我们尔后去考虑：根据心灵法则，到底什么是作用于性格形成的环境影响呢？[②]

66

性格学与心理学的关系，可以比之为机械学与理论物理学之间的关系。性格学的原则是"公理性中介"（*axiomata media*），它们一方面是从普遍法则中派生出来的，另一方面它们自己则将我们带向

---

① J. S. Mill. *A System of Logic*, Book Ⅵ, Chapter Ⅳ.
② J. S. Mill. *A System of Logic*, Book Ⅵ, Chapter Ⅳ.

了那些"从单纯观察中导出的经验法则"。

去发现这些处于最低水平上的经验法则,乃是历史学家的任务。通过展示历史的经验法则最初是怎么从性格学的公理性中介中导出的,最终又是怎么从心理学的一般法则中导出的,社会科学家试图去说明这些历史的经验法则。这就将穆勒导向了"逆向演绎方法"的观念。历史环境是极其复杂的,这主要是因为"每一代人都受到上一代人所施加的影响"①,而这种效果又是代代积聚的。在这种情况下,就没有什么人可以抱有这么一种幻想了:我们可以获得一种关于任何一特定历史情势的、在细节上高度丰富的知识,并由此对该历史情势所可能导致的结果做出预言。这样,面对着大规模的历史进程,历史学家对于其中的绝大部分就只能采用这样的处理方式了:等待,看看什么会发生;通过"社会的经验法则",系统地阐述历史学家的观察结果;最终,"将社会的经验法则与关于人类本性的法则相联系,通过演绎表明,这样的法则自然地可以被期盼为是从终极法则中导出的"②。

67　　卡尔·波普尔(Karl Popper)指出了穆勒关于社会科学的这种说明中所蕴含的一些错误概念。波普尔特别批评了他本人称为穆勒的"心理主义"的东西:这种学说主张,一种社会境况导向另一社会境况的发展,最终是能够按照个体心理学来加以阐释的。波普尔还表明,穆勒的混淆表现在将历史的发现描述为"社会的经验法则",而不是关于趋势的陈述。③ 在这里,我想聚焦于穆勒观点中的一些其他因素;我希望由此表明:穆勒关于社会研究的概念易于受到一些更为根本的——甚至比波普尔提出的还要根本的——反对理由的责难。

---

① J. S. Mill. *A System of Logic*, Book Ⅵ, Chapter Ⅹ.

② J. S. Mill. *A System of Logic*, Book Ⅵ, Chapter Ⅹ.

③ 参见 Karl Popper:《开放社会及其敌人》(*The Open Society and Its Enemies*. London: Routledge & Kegan Paul, 1945)第 14 章;《历史决定论的贫困》(*The Poverty of Historicism*. London: Routledge & Kegan Paul, 1957)第 27 章。

2. 程度差别与种类差别

穆勒认为所有的说明从根本上看有着同样的逻辑结构。这个观点构成了他的下述观点的基础:在我们用以说明自然变化的原则与用以说明社会变化的原则之间,不存在基本的逻辑上的差别。从这个观点中势必导出的后果是:关于道德科学的方法论论题应当被看成是经验性质的。这也就是这样的一种态度:在牵涉到"什么可以通过社会科学而被得到"这个问题时,这种态度就是一种"先等等,再看看"的态度;顺便,这种态度还将哲学家排除在了讨论范围之外。

但这个论题却根本不是经验性质的:它是概念性的。在这儿被牵涉到的并不是这样一个问题——什么样的经验研究可以被展示为这儿所讨论的情形,而是这样的一个问题——怎样的哲学分析将揭示赋予言说以意义的东西。我想说明的就是:人类社会的观念所牵涉到的概念图式,在逻辑上是与自然科学所提供的说明种类不相容的。

穆勒立论的修辞力量与逻辑上的薄弱之处,都是围绕着"只是更加复杂的"这一短语展示的。按照这条思路看,人类对于环境的反应方式,与其他的生物相比,确实是十分不同的;但是这种不同也只不过是一种在复杂程度上的差异。这样,齐一性(尽管我们在人类的活动中发现它的困难显然要大得多)也就肯定是存在的;而表达出这种齐一性的概括活动的逻辑立足点就恰好等同于其他任何概括活动的立足点了。

然而,尽管人类的反应是比其他任何生物的反应更为复杂,但他们并非只是更为复杂。因为从一种立场上看是复杂程度上差异的东西,从另一种立场看则是种类上的差异。比如,我们用来说明更为复杂的行为的概念是在逻辑上不同于那些用以说明不太复杂的行为的概念的。这像是黑格尔式的"量—质变化规律"的一个例子,我在本

68

书第一章中谈到艾耶尔时曾讨论过它。非常不幸,黑格尔对于这一点的说明,与恩格斯对于他的注解一样,犯下了一个与穆勒十分近似的错误:他们并没有成功地将物理变化与概念变化区分开来。从量变到质变的情形包括诸如水在经历一系列温度的齐一的(uniform)量变后突然结冰的质变,也包括诸如从稀发到秃子的那种跟随着一系列关于头发数目的、齐一的量变的质变。[①]

69   为了让一桶水结冰,需要降温多少呢? ——解答这个问题的方式,看来不得不用实验的方法。为了堆成一个麦堆,我们又得加上多少麦粒呢? ——这个问题就不能用实验方式来加以解决了,因为与我们区分水与冰的标准相比,我们区分麦堆与非麦堆的标准是十分含糊的:在后一个例子中,并没有什么清晰的分界线。正如阿克顿(Acton)所提到的那样,尽管在生与死之间也没有什么清晰的分界线,但这一点并没有使得生命与非生命之间的差别成为"仅仅是程度上的差别"。阿克顿说:"我们所画出的分界线的点是我们不得不选择的点,而不是事实以不会搞错的方式强加给我们的点。"尽管在分界线的例子中的确存在着一种选择,这里则没有例外:在我写下这些语词时,我是活着还是死了,并不是我或其他任何人所能决定的。

    一只受重伤的猫的反应,要比一棵被砍倒的树的反应"更加复杂"。然而,说这两种反应之间的区别只是一种程度差别,是不是足够明白呢? 我们说,猫"翻腾着身子"。假定我是用纯粹的机械学术语来描述这种非常复杂的运动的,比如,我在这种描述中使用一系列时空坐标。在某种意义上,这种描述句,与这个陈述——"猫在痛苦中翻腾着身子"——都是关于正在发生的事情的描述。但这两个陈

---

①   参见 H. B. Acton:《时代的幻想》(*The Illusion of the Epoch*. London:Cohen & West,1955)第 2 章,第 7 节。至于关于这个原则在特殊社会学问题中的详细应用,参见 Karl Renner(序言由 O. Kahn-Feund 所作):《私法体制及其社会功能》(*The Institutions of Private Law and Their Social Function*. London:Routledge & Kegan Paul,1949),该书多处谈及此点。

一根救命稻草的无谓行为。对于纽康姆来说,他所能看到的仅有的一对解决方案是不能被接受的,这就使得他认定他的上述结论是不可避免的。这对不能被接受的方案就是:"要么动机仅仅是心理学家想象力之臆造物",否则被归结为行为次序的动机就仅仅是那种行为自身的同义词。

他也相信存在着某种让大家看了不得不信服的——尽管必然是依照情况而定的——实证证据。"首先,一个行为的次序可能展示不同的力量或强度,而这种次序的方向却保持着不变。""说明这一事实的唯一方式,就是去假设一个动机对应于一个实际的生物体状态。"为了加重自己立论的砝码,纽康姆按照他自己的癖好,举了很多例子。这些例子关涉到了那些十分明显的生理驱动,诸如饥饿、口渴与性所引起的驱动。他还大量诉诸关于动物的实验[对于动物的行为,(在笔者看来)动机概念是明显不适用的]。他担保说,只有这些驱动的生理学方面才应加以考虑。但(笔者要问的是:)我们若要去解释罗密欧对朱丽叶的爱是如何影响其行为的话,那么这种解释方式,是否可以等同于我们可能用以解释一只耗子的性冲动是如何驱使其越过通电隔离栅奔向性伴的行为的方式呢?做出这种等同是否足够明智呢?难道莎士比亚没有给出一种更棒的解释吗?

此外,除非——并且直到——"组织的真实状态"被真实地识别出来了,并且这种状态是与行为的恰当模式相互关联的,否则这种类型的说明就是与纽康姆所拒绝的那种说明同样空洞的东西。还有,他所引证的那些事实亦的确没有构成他所欲图获得的那个结论的证据。我们至多只能说:即使存在着一些可以使得我们将动机看成是身体状态的动机的独立理由,这些事实也不会相容于他的这种观点。这一点联系到纽康姆诉诸的那些"实验证据"显得特别明显。这些证据是蔡加尼克(Zeigarnik)在1927年所提供的。在这些实验中,一群被试中的每一个都被交付了20个任务。他们都被告知,他们一定得在十分严格的(尽管未被特别指明的)时限内完成每一项任务。然

73　　而,每一个被试实际上都被允许只完成被指派的任务的一半,且不去考虑他所已经用掉的时间是多少。这时,他被告知:"你已经超时了。"结果是,可以发现:被试有一种倾向,较之其他的东西,他们更容易记住那些未完成的任务的性质,他们还都表达了这样的一个愿望:他们希望有机会去完成这些任务。对此,纽康姆评论道:

> 这样的证据暗示了:动机牵涉到了被标记的能量的激发机制。似乎可以说,它们之所以被激发起来,是为了达到某种特定的目标。实验数据虽然并没有为这样的一个理论提供最终的"证据",但这些材料是与这一理论相一致的,且它们也很难通过其他方式得到说明。①

现在看来,这个证据仅仅向一个已经预先准备好相信这个结论的人"暗示"了该结论。事实上,提出任何种类的特别说明的必然性仍然是不明显的。我们可以通过下述方式来更好地理解蔡加尼克所注意到的行为:被试的兴趣已经被激起了,而且就他们不被允许完成他们业已开始的工作这件事情而言,他们是很恼火的。如果某个人觉得我的这个讲法还不够科学的话,那么他就得扪心自问:纽康姆的处理方式到底给我们的理解添加了多少东西。事实上,有这么一个十分简单的,然而却很有说服力的论证是可以反驳掉对于动机的生理学说明的:去发现一种令人困惑的行为的动机,其实就是去增长我们对于那种行为的理解——这也就是在应用于人类行为时"理解"这个词所意味的东西。但事实上在这里我们没有发现任何与此相关的

74　　人们的生理状态的知识,因此,我们对于人们的动机的说明就与他们的生理状态毫无关系了。我们也不会从这一点中推出纽康姆所害怕推出的结论:关于动机的说明要么只能是些同义反复,要么就只能是诉诸想象力的虚构。但在我对动机说明所实际牵涉到的东西做出正

---

① T. M Newcomb. *Social Psychology*. London:Tavistock Publications,1952,p. 177.

面说明之前,我还想先清除掉一些更深的误解。

正如我们所已经看到的那样,穆勒拒绝了对于动机的生理学说明,但他还是想将对动机的说明看成是一种因果说明。他希望去为之进行辩护的概念,看上去大致如下——尽管他并不是说得很清楚——一个动机就是一个特定的精神事件(在笛卡儿的意义上,"精神的"就意味着完全属于意识的领域)。比如说,在这个意义上,牙痛就是精神的,尽管使得疼痛得以产生的牙齿上的洞是身体上的。说某个人牙上有一个没有被他意识到的洞是有意义的,但说他有一种他没有意识到的牙痛却是没有意义的。"感觉不到的痛"是一个自相矛盾的表达。现在,我们就可以这样表达穆勒与纽康姆之间的争论了:纽康姆是想要将动机(牙痛)同化为生物体的状态(牙洞),而穆勒却坚持认为这两者是不同的,并争辩说:是否每一动机(牙痛)都对应着一种特殊种类的生物体状态(牙齿的败坏),并不能说是很清楚的。穆勒继续论证说,我们能做的仅仅是研究存在于动机之间的因果联系(这些动机被看成是纯粹的意识事件),并研究这些动机会促发的行为是什么——这就好比说,我们可能发现摩托引擎的某种特定种类的故障是与被阻塞的汽化器联系在一起的,而其他种类的故障却是与有缺陷的火花塞联系在一起的。

穆勒的说明并不能十分恰当地说明我们所能发现的关于我们自己的一些特定种类的事实。比如说,我可能会将一种特定种类的头痛与周期性偏头痛的开始发作联系在一起。每一次我体验到了这种头痛,我就能预言:在一个小时之内,我就会躺在床上,痛苦不堪。但没有人会将我的头痛称为周期性偏头痛的动机。当然,事实上,我们也不能正当地说头痛乃是周期性偏头痛的原因。由此我们可以看到穆勒对于科学方法所做出的说明的有效性的基本困难大致在哪里——但这儿还不是对它展开讨论的地方。

4. 动机、倾向与理由

吉尔伯特·赖尔是反对穆勒所倡导的这种说明的。他的论证是:去言说一个人的动机,根本不是去言说任何种类的事件——无论是精神的还是物理的——而只是去指出他依照相关的方式去行动的一般倾向。"去说明一种从一特定动机中引发出来的行为,并不能类比于这样的说明:'杯子破了,是因为一块石头砸了它。'而只能与下面这种类型非常不同的陈述相类比:'当石头砸了杯子的时候,杯子碎了,因为玻璃是脆的。'"①有很多针对赖尔的反对意见可以提出来。首先,(若我们采纳这种讲法的话,那么就会)产生这么一种危险,即,将动机说明化约为纽康姆所害怕的那种愚蠢空洞的东西[彼得·吉奇(Peter Geach)也给出了类似的论点②]。另外,当我们将动机指派给一个与行为者原先所体验到的行为不一致的行为的话,那么赖尔的说明就会陷入麻烦了。比如,下面的讲法并非自相矛盾:一个过去从来没有表现出任何嫉妒倾向的人,却在一个特定的场合中出于嫉妒做了某事。说实在的,也恰恰是在某个人做出未被我们预想到的事情的时候,提供一种动机说明的需要才会变得特别明显。

76　　　但现在我的目标却是要让大家注意到下面这个更为重要的事实:尽管赖尔的说明在很多方面都与穆勒的说明不尽相同,但在下面一点上二者之间没有实质差别。一个关于气质倾向的陈述,与一个关于原因的陈述一样,都是奠基在对于已经被观察到的发生的事件所做的概括之上的。但一个关于行为者的动机的陈述却不是这样的:如果我们要更好地理解它这种陈述的话,那么我们就不妨将其类比于对于行为者如此行动的理由的陈述。假定 N 是一个大学讲师。

---

① Gilbert Ryle. *The Concept of Mind*(心的概念). London:Hutchinson,1949,p. 87.

② Peter Geach. *Mental Acts*(精神行为). London:Routledge & Kegan Paul,1957,p. 5.

他说他将要取消下周的演讲,因为他想去伦敦旅行。在这儿,我们就得到了一个给出理由的关于他的意向的陈述。现在,N 并没有从他想去伦敦的愿望中推论出他取消讲座的意向——就像玻璃即将碎裂的原因可以从一个人可能向其投石块或玻璃自身的易碎性的事实中推论出来一样。N 并不是对他将来行为的预言的合理性提供证据。①毋宁说情况是这样的:他只是在将他的意向正当化。他的陈述不是这种形式的:"诸如此类的原因因素出现了,所以这将导致某结果。"它也不是那种形式:"我有如此的一种气质倾向,这导致我做出了这样的事情。"他的陈述的形式是这样的:"从诸如此类的考虑来看,做出这样的事情是有理由的。"

　　这就将我带回了本书第二章第 2 节所提出的那个论证。该论证提供了一种修正赖尔对于动机的说明的方式。赖尔说,一个关于某人之动机的陈述将被理解为一种"像规律一样的命题"。这种命题描述了行为者在特定场合中通过特定方式从事活动的倾向。②但我认为,用其来理解 N 的理由的那种"像规律一样的命题"所关涉到的东西,不是 N 的气质倾向,而是在 N 所置身的社会中被接受的关于合理的行为的标准。

　　"理由"与"动机"这两个术语并不是同义词。举个例子说,称罪恶的动机为"正当理由"(justifications)将会是十分荒谬的:归咎于一个动机,更多的时候就是意味着去进行谴责,而不是去为其辩护。比如,说"N 出于嫉妒谋杀了他老婆",当然并不是说"他是合理地行事的"。但这却意味着:按照在我们的社会中所熟悉的那些行为模式,他的行为是可被理解的;并且意味着:他的行为是被那些与其环境相切合的考虑所支配的。这两方面的事情交错在了一起:一个人能出

77

---

① 参看 Ludwig Wittgenstein:《哲学研究》(*Philosophical Investigations*. Oxford: Blackwell,1953,Ⅰ),第 629 页以下。

② Gilbert Ryle. *The Concept of Mind*. London:Hutchinson,1949,p. 89.

于某种考虑而行动,仅当那里存在着关于适宜于诉诸什么的那些已被人们接受的标准的时候。只有在骑士爱情(courtly love)的习俗语境中,乔叟小说中的特罗伊勒思(Troilus)对于克瑞丝达(Cressida)的行为才是可以理解的。对于特罗伊勒思的理解,就已经预设了对于这些习俗的理解,因为正是从这些习俗中,他的行为才获得了意义。

我已经注意到了,N 的意向与关于该意向的理由之间的关系,是如何区别于一个预言与支持这个预言的证据之间的关系的。但对于某个很了解 N 的处境并且很熟悉他掂量事务重要性的那种思考问题的方式的人来说,他是可能会以上述知识为基础而对 N 所可能会做出来的事情进行预测的。"N 有一种好嫉妒的性情;如果他在该方向上的情绪被唤起的话,那么他就可能会变得很狂暴。咱一定得小心,不要再激怒他了。"在这儿,我把 N 的动机援引为预言他的行为所依赖的证据的一部分。然而,即便当我们已经拥有了关于动机的概念时上述这种援引是可能的,但动机概念并不是首先作为预言技术的一部分而被我们习得的(这与原因概念是不同的)。去学会明白什么是动机,就是去学习"在人们所生活的社会中制约生活的标准";同时,它也属于学习作为社会存在者而生活的那种过程。

5. 对于规则性的研究

78　　一个穆勒学说的追随者可能会承认,对于人类行为的说明不是去诉诸有关个体对其环境的反应的因果概括,而是诉诸我们所具有的关于社会体制与生活方式的知识——正是这些体制与生活方式,赋予个体的行为以意义。但该追随者可能会论证说,这并不会破坏穆勒论点之根基,因为如何理解社会体制,实质上仍然就是如何把握经验概括的问题——而这种概括乃是以自然科学的经验概括为逻辑立足点的。这是因为:一种社会体制毕竟是一种特定种类的齐一性,且这种齐一性只能通过一种概括才能被把握到。现在我就来审视一下穆勒追随者的这一论证。

在同一种类型的场合中，同一类事件总是会一再发生的——这就是规则性或齐一性。这样，关于齐一性的陈述就预设了关于同一性（identity）的判断。但这恰恰又将我们带回了本书第一章第 8 节的论证。根据这种论证，关于同一性的标准将必然地关涉到某条规则：从一条规则出发，被判定为在性质上相似的两个事件，在另一条规则看来就会被判定为是彼此差异的。这是一个定理。这样，去研究在一种特定种类的探究中加以考察的规则的类型，就是去审视在这类探究中据以做出同一性判断的规则的本性。只有联系到那被其自身规则所制约的、人类行为的特定模式，这样的判断才是可理解的。① 在物理科学中，重要的规则就是那些在相关的学科内支配着其研究程序的规则。比如，一个对核物理学的问题与程序一点都不理解的人，在面对用氢原子去轰击锂原子的考克饶夫-瓦尔顿（Cockcroft-Walton）实验时，可能什么也不明白——甚至，对于他来说，由这些术语所进行的描述也是不可理解的，因为在核物理学家的活动语境中，"轰击"这个术语并不具有它在其他地方所承载的含义。为了理解在这个实验中正在发生的事情是什么，理解者就不得不去学会理解物理学家所做的事情的性质——而这种学习就会包括对于物理学家们用以做出同一性判断的那些标准的学习。

像其他规则一样，这些规则也是依赖于一种公共活动的语境的。这样，为了去理解一个科学研究者的行为，我们就一定得去说明两组关系：首先，是研究者与他所研究的现象之间的关系；其次，是他与他

79

---

① 请参看休谟《人性论》之"导论"："很明显，所有的科学都或多或少关系到了人性。同样明显的是，无论这些科学中的任何一项看上去离开人性这个基础多么遥远，这些科学仍将通过此条或彼条路径返回人性。"休谟的这番评论，进一步暗示了我们：在这部专著的主题与近代哲学史中最持久的和占据支配地位的诸主旨（motifs）之间，存在着十分紧密的关系。

的同事之间的关系。这两种关系都对我们所说的某人正在"发现规则性"或"发现齐一性"的话语具有了本质意义。然而,那些研究科学"方法论"的作者实在是过于痴迷于对于第一种关系的探索了,这样他们就忽略了第二种关系的重要性。那么,为什么说这两种关系属于不同的类型呢? 这主要是基于下述理由:被研究的现象在科学家面前呈现为研究的对象;科学家观察这些现象,注意到关于它们的一些特定事实。但是当我们说某个人在这样做的时候,这已经预设了:他已经具有了一种遵循规则进行交流的模式。这是因为:去注意到某事物,其实就是去辨认出一些相关的特征。这就意味着:注意者一定得具有关于这些特征的一些概念,而只有当他能够根据一种使得某符号得以去指称这些特征的规则而去使用该符号时,他才可能会具有这些概念。这样,我们就回到了注意者与其同事之间的关系上——只有在这种语境中,我们才能说他遵守了规则。因此,N 与其同事之间的关系(正是凭借这种关系,我们才能说:N 像他的同事一样遵守规则),并不仅仅是一种观察关系,因为它并不存身于下述事实中:N 在对其同事的行为进行观察之后,决定以此来作为他自己行为之规范。这又是因为上述讲法已经预设:在撇开 N 与其同事之间的那种我们正试图去加以说明的关系的情况下,我们也能对"注意到他的同事如何行动"这个概念做出说明。但正如我们所已经看到的那样,这是不对的。让我们来引用一下拉什·里斯的话吧:"无须注意我们的反应是否彼此符合,我们就已经明白我们是彼此理解的。因为我们认可我们的反应,所以我就可能告诉你一些什么,你也可能教会我一些什么。"①

在科学家的研究过程之中,他运用并发展了与他的特殊研究领域有关的那些概念。"影响"这种运用及修正的,既有科学家运用这

---

① Ruch Rhees. Can There be a Private Language?. *Proceedings of the Aristotelian Society*,1954,Supplementary Volume ⅩⅩⅧ.

些概念所加以描述的现象本身,而且还有科学家的工作伙伴(这些伙伴也共同运用了这些概念)。但这是两种不同的"影响"。从表面上看,正是在科学家对于现象的观察(这是在实验中进行的)的基础上,他才发展出了他的概念——其实,只有在与他的科学家伙伴共同参与一种既定的活动形式的情况下,他才能做到这一点。当我在这儿说"参与"的时候,我指的不一定就是任何一种直接的实在关联,甚至也不是指在参与伙伴之间的任何直接的交流。真正重要的是,他们都参与了同一种类的活动(他们都通过相似的方式学会了这种活动),因此,他们都能够就他们所正在从事的工作进行彼此交流;他们中的任何一个人所做的事情,对于其他人来说,在原则上都是可理解的。

81

6. 理解社会体制

穆勒认为,对于社会体制的理解,在于对社会参与者的行为的规则所进行的观察,以及对这些规则以概括的方式所做的表达。现在,如果在其主要逻辑轮廓方面,从事社会学的研究者(在广义上)的立场是能够与自然科学家的立场相互比较的,那么就会出现下面的情况:社会学家用以判断在两个不同情境中发生的事件是否同一(或履行的行为是否同一)的概念与标准,必须在与那些规范着社会学研究的规则的关系中被理解。但在这儿,我们却碰到了一个困难:因为,我们如果是自然科学家的话,我们只要去处理一组规则就行了。这种规则即是规范着科学家的研究本身的那些规则。在这儿,社会学家所正在研究的东西,正如他对于其所做的研究一样,乃是一种人类活动,因此这种活动是根据规则而加以实施的。另外,正是这些规则,而不是规范着社会学家的研究的那些规则,说明了什么东西可以在与那类活动的关系中被看成是"做了同一类事情"。

我们可以举一个例子来将这里所说的东西展示得更清楚些。请想一想关于法利赛人与税吏的比喻（《路加福音》18:9）。当一个法利赛人说"上帝，我感谢你，我不像别人那样"的时候，与当一个税吏祈祷说"上帝啊，请开恩可怜我这个罪人"的时候，他们所做的是否是同样的事情呢？我们若要回答这个问题的话，我们就得首先去考虑在祈祷的观念中到底牵涉到了什么——而这就是一个宗教问题。换句话说，决定这两个人的行为是否是同类的标准是属于宗教自身的。这样，研究宗教的社会学家就会面对关于下述问题的答案了：这两种行为是否属于同一类行为呢？回答这个问题所依据的标准，并不是取自社会学的，而是取自宗教自身。

但是，如果社会学家对于宗教所做出的同一性判断（还有概括活动）是依赖于取自宗教的标准的话，那么他与宗教活动的执行者之间的关系，就不能是观察者与被观察者之间的关系了。我毋宁将这种关系类比于在科学研究活动中，自然科学家与其工作伙伴之间的共同参与关系。让我将这一论点普泛化：纵然我们可以合法地说某个人对于一社会活动模式的理解在于一种关于规律的知识，这种知识的本性也一定会迥异于关于物理规律的知识的本性的。这样，从原则上讲，将研究一种社会行为形式的研究者的活动，类比于一个研究机械之运作的工程师的活动，是十分错误的。如果某个人跟随穆勒说什么"这里所谈的机械当然要比任何物理机械要复杂得多"，那么他也没有说出什么具有实质性的事情。如果我们还是要将一个社会研究者与一个工程师相提并论的话，那么我们最好还是将前者与一个正在学习工程（指工程活动）所涉及的方方面面的见习工程师相类比。社会研究者对于社会现象的理解更像是工程师对于其同事的活动的理解，而不太像是工程师对于他正在研究的机械系统的理解。

这一点也体现于下述常识性的考察之中：一个宗教历史学家或宗教社会学家若要搞明白他所研究的宗教运动，并且理解那些制约着其参与者的生活的所思所虑的话，那么他自己就一定得具有一些宗教情感。一个艺术史家若要去理解艺术家在其所在的时代所遇到的问题的话,他就一定得具有一些审美感受。如果他做不到这一点的话,那么他所做出的说明就正好会遗漏掉一些使得一部艺术史成为艺术史的东西;与那种令人迷惑的外在说明相反,艺术史家要关注那些曾经被特定人群所经历和体验过的特殊情感。

我并不希望坚持下面这一点:我们一定得停留于一种非反思性的理解水平上(比如,工程师对于其同事的活动的理解)。但我的确是想说:任何一种更具反思性的理解,如果的确被看成是真正的理解的话,就必须以活动的参与者所具有的非反思性的理解为前提。如果我们要将这种理解与自然科学家对于科学材料的理解相类比的话,那么我们就会误入歧途。与之类似,尽管对于社会的反思性研究者(或者对于特殊生活模式的研究者)可能会发现,他有必要不是采用从他正在研究的那些活动形式中获取的概念,而是采用从他自己研究的前后关联中获取的概念,然而他自己的这些技术概念仍然会隐含一种对那些属于他所研究的活动的其他概念的预先理解。

比如说,"流通偏好"(liquidity preference)是经济学的一个技术概念:一般来说,它并不是商人在做生意时用的字眼,使用它的,只是那些希望去说明特殊种类的商业行为的本性与后果的经济学家。但这个术语却是与那些的确进入商业活动的概念在逻辑上紧密相关的,因为经济学家对于该术语的运用就已经预设了他对于商业操作的理解——而这种理解反过来又牵涉到了他对于诸如资金、利润、成本、风险之类的商业概念的理解。也仅仅是凭借着他的说明与这些概念之间的关系,才使得他的说明成为一种对经济活动(而不是,比如说,对神学的某种东西)的说明。

同样的,一个心理分析学家可能会用一些病人所并不知晓的因素,并会用病人可能并不理解的概念来说明一个病人的神经过敏的行为。让我们来假定心理分析学家的说明涉及了病人的孩提时代。好吧,对于这些事件的描述就会预设对另外的一些概念的理解,比如说,那些用以描述在我们的社会中的家庭生活的概念,因为那些概念

84

是会进入孩子与其家庭之间的关系的(无论这种进入是多么的初步)。一个心理分析学家若希望去说明在特罗布里恩(Trobriand)群岛岛民之间流行的精神疾病的病因的话,他就不能在不进行深入反思的情况下就去直接运用由弗洛伊德所发展出的那些概念(这些概念是针对我们社会中的那些情境而被发展出来的)。他可能将首先去探究岛民的父亲概念之类的东西,并去说明与在我们的社会中流行的父亲概念相比,他们的这种概念在各个相关方面与我们的概念之间到底有什么差异。由此不可避免地会出现的情况是:为了能更恰当地说明在这种新情境中的神经病患者(neurotic)的行为,这种研究就会对(我们既有的)心理学理论做出一些修正。

这些考虑也为历史怀疑论(historical scepticism)提供了某种论证,那位被低估了的哲学家 R. G. 柯林伍德(Collingwood)在《历史的观念》①一书中表达了这种观点。尽管当研究者在处理他自己社会的一些情境,或者在处理他对其生活方式十分熟悉的那些社会中的情境时,对于这些问题的考虑不必放在首要的位置上,但当研究者的研究对象是一个在文化上疏远于他的社会时,考虑这些问题的实践含义就会变得十分急迫。这就说明了观念论者强调“移情”与“历史想象力”之类的概念的意义(但这也并没有否认,这些概念的提出亦为这些观念论者自己造成了困难)。它也与观念论者的另一个标志性的学说相关联。按照这一学说,对于人类社会的理解是与哲学家自己的活动密切相关的。在本书第一、二章中我曾提到过这个学说,在本书最后两章中我还将回到这个学说上去。

7. 社会研究中的预言

在上章对奥克肖特的讨论中,我曾经注意到了如下事实的重要

---

① 参看 R. G. Collingwood:《历史的观念》(*The Idea of History*. Oxford: OUP, 1946)各处。

性：自愿的行为就是存在着选择的行为。这是因为，理解某事物就牵涉到了对其对立面的理解：某个人若要带着理解去做事情 X 的话，那么他就得能够去设想去做事情"非 X"的可能性。这并不是一个经验陈述，而是对于"带着理解去做事情"这一概念所牵涉到的东西所做的评论。现在，设想有一个观察者 O，他观察的是 N 的行为。若 O 想就 N 所将要做出的事情做出预言的话，那么他自己就一定得先去熟悉一下 N 用以看待其环境的那些概念；然后，他就可能从关于 N 的个性的知识出发，十分自信地预言出 N 所可能做出的决定是什么了。但如果 N 做出了一个与 O 的预言不同的决定的话，O 用以给出其预言的概念依然可以见容于 N 的决定。若这种事情真的发生的话，那么这并不一定意味着 O 的估算发生了差错，因为关于一个决定的全部要点就是：一个既定的"计算"可能会将我们带向一组不同的结果系列中的任何一个。这与自然科学中的预言是非常不同的。在自然科学的研究中，一个错误的预言总是暗示了一些可以被归咎于预言者自己的错误的存在，比如：错误的或不充分的观察数据、错误的计算，或者有缺陷的理论。

86

接下去的讨论将更清楚地展示这一点。为了去理解 N 所面对的决定的性质，O 就必须意识到那些规则的存在，这些规则是 N 看待他的处境的相关特征之标准。如果一个人知道了某人所遵从的规则是什么的话，那么在大多数情况下他就能对此人在给定环境中可能做出的事情进行预言。比如说，如果 O 知道 N 遵从的是这样的规则："从 0 开始，不断加 2，直到 1000。"那么 O 就能预言：在写下了 104 以后，N 接下去就会写 106。但在某些时候，即便 O 十分确定地知道 N 正在遵从的规则是什么，他也不能确定地预言 N 接下去所会做出的事情。这指的是这么一种情况：如果出现了与规则过去所应用的那些环境显著不同的新环境的话，我们就发现了这么一个问题：在对于规则的遵守中，到底什么被牵扯了进来？在这儿，规则并没有对这环境指定任何确定结果，尽管它限定了一个可选择的范围。它对未来的决定是通过选定了这些选择项中的一个并拒斥了其他选择项而做出的——直到那样的时候为止,那时我们又必须根据更新的条件来对规则进行说明了。

这可能会有助于阐明一个发展着的历史传统的观念所牵涉的东西。正如我早先所评论的那样,穆勒将历史趋势看成是类似于科学规律的东西,而波普尔则希望去修改这种观念。为此,他指出,关于历史趋势的陈述是与关于真实规律的陈述不尽相同的,前者牵涉到对一系列特定的初始条件的参照。我现在想对此观点做出更进一步的修正:纵然我们被给予了一系列特定的初始条件,我们也仍然不能就一种历史趋势的任何确定后果做出预言,因为历史趋势中的连续性与断裂性牵涉到的是人类的抉择——这些抉择并不是被人类的先前的条件所规定的(正是在这些条件所提供的语境中,我们才能有意义地将抉择称为"抉择")。

出于审慎,我看来还得再对我所做出的最后一点评论说上两句。我并不是想否认有时候我们是可能对抉择做出预言的;只是想指出这样的一种预言与其所依据的证据之间的关系不同于科学预言所具有的那种特征。但我并没有落入这样的一个陷阱,即说什么历史趋势是有意识地受制于历史参与者的意志与意图的。真正的要点是:这样的趋势,部分地是历史参与者的意图与抉择所造成的结果。

一种历史传统的发展,可能会牵涉到对相互对抗的解释的审议、论证与研讨。随之发生的,则或许是对某种被一致接受的妥协方案的采用,又或是相对抗的流派的崛起。比如,请想一想海顿、莫扎特与贝多芬的音乐之间的关系吧;或者,请想一想那些彼此对抗,并都通过展示一些理由来声称自己的基础是马克思主义的政治思想流派吧。请想一想在宗教发展中正统与异端之间的相互作用吧;或者,请想一想那些拾起球就跑的玩橄榄球的小伙子是怎么在橄榄球比赛中掀起一场革命的吧。可以确定的是,正如我们是不太可能根据我们对于这一游戏的早先状态的知识预言出这场革命那样,我们也不太可能从休谟的先驱者的哲学中预言出休谟哲学。为了进一步阐明这里所说的东西，让我们不妨来回忆一下汉弗莱·李特尔顿（Humphrey Lyttleton）对于一个询问爵士乐之发展方向的人的回答。他说："如果我知道爵士乐将往哪儿去的话，那么我早就在那儿了。"

毛利斯·克兰斯顿（Maurice Cranston）指出，我们如果要去对一首诗的创作或一项革新的出现进行预言的话，那么这种预言就会牵涉到诗歌创作与革新活动自身。他的这番话与上述观点在本质上是相一致的。并且，如果某个人自己已经做成这些事情了，那么就不可能去预言其他某个人会写出这首诗，或做出这项革新了。"他不能预言它，因为他不能说在它发生之前它将发生。"①

仅仅将上述问题看成是一种无谓的逻辑诡辩是错误的，尽管这种看法很有诱惑力。有些人看上去是在尝试着完成一项不可能完成的任务，即通过一种先天的立法活动来反对一种纯经验的可能性。然而，他们所实际上展示出来的，仅仅是：属于我们对于社会生活之理解的那些核心概念，是不相容于科学预言活动的核心概念的。当我们谈论对此类社会发展做出科学预言的可能性的时候，我们其实不知道我们在说些什么。我们不能理解它，因为它根本就没有意义。

①　Maurice Cranston. *Freedom：A New Analysis*（自由：一种新的分析）. London：Longmans，1953，p. 166.

第四章

心灵与社会

1. 帕累托:逻辑行为和非逻辑行为

我在第三章中想说的是,我们通常用来思考社会事件的诸概念,在逻辑上与属于科学说明的诸概念是不相容的。这番论证中一个重要的部分是,前者的概念不仅仅进入观察者对社会生活的描述,而且进入社会生活本身。但有一种强有力的思潮认为,参与者的观念必须忽略不计(discounted),以免产生误导和迷惑。这种思潮的一个例子,就是在第一章末尾处引用的那些涂尔干的话。我现在试图考察帕累托在《心灵与社会》(*Mind and Society*)一书中所做的尝试。他的翻译者极好地把握住了他的主要关注点,也就是去经验地说明:人

们在行为中所持有的观念对他们行为的本性和结果的影响,远不如人们在根本上所以为的那样,因此,社会学家必须重新(*de novo*)建立他自身的概念,并对参与者的观念尽可能地忽略不计。我的考察想要得出两个主要的观点:第一,帕累托把本质上是哲学的问题误认为经验、科学的问题;第二,他的结论事实上是错的。

　　帕累托是从思考这样一个问题开始的：社会学的科学的方法包括了什么内容？他的答案概略地说就是：它包括只使用有严格经验来源的概念，使理论严格地服从于观察和实验的监控，确保任何推论都遵循严格的逻辑。对此，他称之为"逻辑—实验的(logico-experimental)"方法。社会学家的素材是共同生活的人类的活动，帕累托从这些活动中挑出特别应该受到关注的东西，也就是表现了智性(intellectual)内容的行为。

　　　　在任何人类群体中，都存在大量的命题系列，有描述性的，有指导性的，或其他(特性)……这些命题借助逻辑的或伪逻辑的(pseudo-logical)关联而结合起来，并且被各种各样的事实叙事所增强，它们组成理论(theories)、神学、宇宙学说、形而上学体系等。撇开这些命题中取决于信念的内在价值不谈，单从外部来看，所有这些命题和理论都是实验的事实，并且我们在这里应该把它们作为实验的事实来加以考察和检验。①

　　这里我们关心帕累托对如下问题的看法：人们所持有的这些命题和理论到底是怎样与他们的行为联系起来的？比方说，基督教神学的命题是怎样与基督教的礼仪实践联系起来的？现在，帕累托正确地指出，这个问题的含义不怎么清楚。它可以意味着：这些理论确实构成了他们旨在论证的行为的理由吗？它也可以意味着：人们的行为真的是以他们所声称的方式而被他们所持有的观念所支配的吗？或者即使他们不再持有这些观念了，他们也还会继续如此这般地行动吗？为回答这两个问题，帕累托把它构想为科学的、"逻辑—实验的"社会学的功能。为此他提出了两个重要的区分：(i)逻辑的行为和非逻辑的行为间的区分；(ii)持存的东西(*residues*)和派生的东西(*derivations*)间的区分。

　　(i)是为了阐明人们所持有的理论是在何种程度上构成他们所

91

---

　　①　Vilfredo Pareto. *The Mind and Society*. New York：Harcourt Brace，1935，Section 7.

履行的行为的理由的。

　　有些行动是采用适当的手段来达到某种目的,并且逻辑地将手段和目的联系起来。而另一些行动则没有那些特征。这两种行为,从它们的客观和主观方面来看,是截然不同的。从主观方面来看,几乎所有的人类行为都是属于逻辑类型(class)的。在古希腊海员的眼里,向海神波塞东献祭和划桨同样是航海的一种逻辑手段……设想我们用逻辑的行动这一术语来指称一种不仅从行为者的主观立场出发,而且从具有更广泛知识的他人的立场出发,将手段与目的逻辑地联系起来的行动——换句话说,就是指称在上述意义上在主观和客观方面都是逻辑的那种行动。其他的行动我们称之为非逻辑的(*non-logical*)[这绝不等同于"不合逻辑的(*illogical*)"]。①

92　　逻辑的行动是满足以下条件的:(a)行为者认为它会导致一个结果,而且行为者的目的就是获得这个结果;(b)行为的确趋向于产生行为者所设想的结果;(c)行为者对自己的信念具有(帕累托认为是)好的(即"逻辑—实验的")理由;(d)所寻求的目的必须是可以被经验地加以确认的目的。这些标准的多样性,意味着一种行为也能够以很多不同的方式成为非逻辑的,以下是这类行动中最重要的几种:其一,一种行为可以是非逻辑的,这是因为行为者根本不想达到任何目的;这看上去像是与马克斯·韦伯所说的价值理性(*wertrational*)的行为[相对于目的理性的(*zweckrational*)行为]颇吻合。但帕累托认为这种行为是稀少的,他说:"人有一种很明显的倾向,就是为他的行为粉饰上一层逻辑。"②(有趣而又重要的一点是,离开手段和目的之类的范畴,他就再也无法设想出任何一种哪怕只是表面上像是逻辑

---

　　①　Vilfredo Pareto. *The Mind and Society*. New York: Harcourt Brace, 1935, Section 150.

　　②　Vilfredo Pareto. *The Mind and Society*. New York: Harcourt Brace, 1935, Section 154.

的行为。)其二,一种行为可以是非逻辑的,这是因为,尽管行为者出于某个目的而行事,但行为却获得了完全背道而驰的结果,或者根本没有获得任何结果。帕累托指出,这可能是由于行为者预先设想的目的根本就不是真实的,而只是"想象的",因为"它在观察和经验的领域之外"①:他好几次提到,灵魂的拯救就是这类"想象的"目的的一个例子。或者这也可能是由于,尽管行为者预先设想的目的是完全真实的,他却没能以设想的方式达到这个目的:他指出,巫术的操作就是这一类的例子;②"商人(企业家)在自由竞争的市场环境下采取的'某些手段'(例如:削减工资)"也是这方面的例子。③

现在,把所有这些不同种类的(包括许多除此以外的)行为包括在同一范畴内处理,显然会引起重大的困难。我将集中分析这样一个困难:在"非逻辑的"与"不合逻辑的"行为之间做出清楚区分的困难。通过以上引自《心灵与社会》第150节的论述,我们看到帕累托认为这两者"在任何意义上都是不同的",而且他在后来的写作中也坚持这一点:"工程上的错误(a mistake in engineering)不是非逻辑的行为。"④然而,他却认为,一个在自由竞争市场环境下相信"削减雇员工资能带来更大利润"的企业家的错误是非逻辑的行为。工程上的错误和企业家的错误(帕累托认为,在垄断市场环境下,企业家的这个观念也许就不再是错误了)如何才能区分开来呢?企业家的错误和巫术的仪式之间确实是完全可比较的吗?显然,企业家的错误更应该和巫术仪式中的错误相比较。企业家的错误,是商业行为这

93

---

①　Vilfredo Pareto. *The Mind and Society*. New York:Harcourt Brace,1935,Section 151.

②　Vilfredo Pareto. *The Mind and Society*. New York:Harcourt Brace,1935,Section 160.

③　Vilfredo Pareto. *The Mind and Society*. New York:Harcourt Brace,1935,Section 159.

④　Vilfredo Pareto. *The Mind and Society*. New York:Harcourt Brace,1935,Section 327.

一范畴中的一个行为(尽管与此相类似的行为有很多);但巫术的操作,本身就构成一种行为的范畴。巫术在它所处的社会里扮演着一种它所独有的角色,并按照它自身的思考方式行事。这种说法也适用于商业行为;但帕累托所提到的那种被误导的商业行为则不是如此,因为它只有参照一般的商业行为的目的和本性才能被理解。而另一方面,像帕累托那样参照科学活动的目的和本性来理解巫术,则必然导致对巫术的误解。

要区分非逻辑的和不合逻辑的行为,至关重要的是要区分一种行为的一般的范畴——一种社会生活的模式——与属于这个范畴的某种特殊的行为。一种不合逻辑的行为可能含有逻辑上的错误;而说一种行为是非逻辑的,则完全否定了应用于这种行为的逻辑标准。说一种非逻辑的行为是逻辑的或不合逻辑的都毫无意义,就好像说一种非空间的东西(例如:美德)是大的或小的也毫无意义一样。但帕累托恰恰是这样做的。例如,他试图在一种逻辑上差的意义上(in a logically pejorative sense)使用"非逻辑的"这个术语,这种做法好比从美德不是大的(big)这样的事实中推出它必定是小的(small)的结论一样。这里有很大一部分困难,是由他没有理解这个论题的要旨而引起的:逻辑的标准并不是上帝直接赐予的礼物,而是源起于生活的方式和社会生活的模式,并且只有在这一背景(context)中才是可理解的。这也就意味着对于这么多社会生活的模式没有普遍适用的逻辑标准。例如,科学是一种模式,宗教是另一种模式,它们都有属于自己的特殊的理解标准。所以,在科学或宗教本身的领域之内,可以有逻辑和不合逻辑之分:比方说在科学中,拒绝把正确的实验结果作为研究的尺度的做法,就是不合逻辑的;在宗教中,设想一个人可以凭一己之力与上帝抗衡,就是不合逻辑的。但我们不能有意义地说,科学实践本身和宗教实践本身是逻辑的或不合逻辑的。这两者本身都是非逻辑的(当然,这是一种简单化的说法,尚不顾及不同的社会生活模式之间出现交叉重合的情况。例如:一个人可以出于

宗教的目的而献身于科学的事业。不过我认为这并不影响到我想说 95
的东西的主旨,尽管这将使精确的表达在细节上更复杂)。现在,帕
累托想说的是,科学本身就是逻辑行为的一种形式(事实上是这种行
为的最完美的形式),而宗教是非逻辑的(在一种逻辑上差的意义
上)。而我已经表明,这种说法是不能容许的。

　　帕累托没有充分地区分"非逻辑"和"不合逻辑"的这个错误,还
有一个更深的根源,这个根源是与他的这样一个信念分不开的:建立
一套关于人类社会活动的完全不偏不倚的(impartial)、中立的(un-
committed)①理论的最适当方法,就是只服从于"逻辑—实验的"标
准,而这一标准是他从与自然科学的实践的类比中得到的。从这个
观点出发,他显然有理由参照这样的标准来评价关于社会存在的诸
相互竞争的理论(即可供选择的社会学的理论)的优劣。但他正试图
去做的还不止这些:他还参照同样的标准来评价属于他正在从事研
究的主题的观念和理论。然而这使他陷入了一种根本的混乱中:偏
袒那种方法所造成的混乱,这正是逻辑—实验技术的应用所要避免
的。这种尴尬正好阐释了我所坚持的观点:他所关注的问题在类型
上更属于哲学,而不是科学。上述看法与哲学所特有的那种中立的
意义相关。我在第一章中已经提到,哲学如何专注于阐明和比较各
种方式,使得世界在不同的智性学科(intellectual disciplines)中成为 96
可理解的(intelligible);还有这如何导向对各种生活形式的阐明和比
较。哲学的中立性在此来自这样一个事实:它也同样关心阐明哲学
自己对事物的说明;哲学对它自己的存在的关心因此就不是一种病
态的自恋,而是它正试图做的事情中至关重要的一部分。在执行这
个任务时,哲学家要特别警惕,提防任何一种探究形式自命不凡地认
为自己掌握了整个可理解性的本质,把握了开启实在的钥匙。因为,

---

　　① 此处"uncommitted"这个词的确切含义是"不事先承诺倾向哪一方的",为了行文
的简便起见,才译为"中立的"。(译者注)

承认可理解性具有多种不同的形式,也就意味着承认实在没有钥匙。但帕累托犯了这样的错误:他对逻辑行为和非逻辑行为之区分的讨论方式,就包含了把科学的可理解性(或更恰当地说,他自己对此的错误概念)树立为普遍的可理解性之规范;他在声称科学拥有开启实在的钥匙。

与哲学不同,科学沉浸在它自己的那种使事物变得可理解的方式中,以至于排斥了所有其他的方式。或者说它不自觉地应用了它自己的标准;因为对这样的问题的自觉性正是哲学的(特性)。虽然这种非哲学的(non-philosophical)不自觉性在对自然的探究中的大多数场合是正确且恰当的(除了在某些危机时刻,例如爱因斯坦面对表述狭义相对论时所经历的情况),但在对人类社会的探究中,它将是灾难性的,人类社会在本性中包含了不同的和相互竞争的生活方式,每种生活方式都提供了对事物的可理解性的不同说明。对这类相互竞争的概念采取中立的观点,是哲学所特有的任务;哲学的任务不是对科学、宗教或其他任何东西授予奖勉;哲学的任务也不是去提倡任何世界观(Weltanschauung)[帕累托通过这种做法,不一致地提供了一种伪科学(pseudo-scientific)的世界观]。用维特根斯坦的话来说就是:"哲学让所有的事物如其原样。"(Philosophy leaves everything as it was.)

在这一关联中,值得回想柯林伍德的主张,他认为,由"科学的"人类学家们提供的一些对原始社会巫术活动的说明,往往掩盖了"一种使那些不同于我们自身的文明成为荒谬可笑并遭到蔑视的半是有意的图谋"①。对"科学客观性"的这种误用的一个典型例子可在林德(R. S. Lynd)的著作《知识为了什么?》(*Knowledge for What?*)中

---

① R. G. Collingwood. *The Principles of Art*(艺术原理). Oxford:OUP,1938,Book I, Chapter IV.

发现。① 任何跟随本书之论证的人都能清楚地看到在林德的论证中的哲学的混乱。

2. 帕累托：持存的东西和派生的东西

为了进一步阐发我的观点，我现在转向帕累托所做的第二个区分：持存的东西和派生的东西。这一区分被设想为履行两个功能。首先它想要给出在我们对人类社会的观察中反复出现的那些特征，而这些特征是科学概括（scientific generalization）的合适课题。帕累托讨论道，一个人如果观察不同历史时期的不同社会的广泛多样性的话，会惊奇地发现当某些种类的行为一再地重复并只有很小的变化时，另一些种类的行为却非常不稳定，经常随着时间而变化，而且在不同的社会中各不相同。他称那些不变的、反复出现的要素为"持存的东西"；它们在可变的特征不被考虑之后保留了下来。而那些可变的要素则是"派生的东西"，这个术语用以指称帕累托所声称已经在经验上发现的那些种类的行为的一个事实，即这一范畴的用武之地主要是人们用来说明他们为何如此这般行动的理论。派生的东西"（在对持存的东西的）说明中表示心智（mind）的活动。这就是为什么派生的东西在想象力发挥作用时更加易变"②。因为派生的东西与持存的东西相比是如此的不稳定和易变化，帕累托强调说，我们必须接受这样一个事实：人们的观念和理论对行动的真实影响微乎其微；持有理论并不足以有效地解释人们为何根据既定的方式来行动，因为这些行动甚至在理论被抛弃后仍然继续着。派生的东西的概念显然与很多观念具有可比性，例如马克思主义的"意识形态"概念，以及

98

---

① R. S. Lynd. *Knowledge for What？*. Princeton, 1945, p. 121, footnote 7.

② Vilfredo Pareto. *The Mind and Society*. New York: Harcourt Brace, 1935, Section 850.

弗洛伊德式的"理性化(rationalization)"概念。然而,我在这里要强调的是,帕累托仅仅是通过概念区分的方式才得以成功地发现同一类型的不同社会所具有的共同特征的,而这些特征成为科学概括的合适主题。这就是说,声称存在着社会学上的一致性,与声称人类才智对社会事件的真实影响被高估了,二者并行不悖(goes hand in hand)。

我现在要引用一个帕累托详尽地运用这个区分的例子。

基督教和洗礼的仪式。如果一个人知道基督教的仪式过程,并不一定就知道是否以及如何能对这种仪式做出分析。进而,我们对此有一个解释:我们被告知,洗礼的仪式是为了清除原罪而举行的。这仍然不够。如果没有同一层面上的其他事实可以参照,我们会发现我们很难从洗礼这一复杂现象中分离出独立的要素来。但我们确实有其他这一类的事实。异教徒也有用于驱邪的水,他们拿它来做净化之用。如果我们就此打住,我们会把水的观念与净化的事实联系起来。但洗礼的其他情形却表明,水的使用并不是一个不变的要素。血也可以做净化之用,其他物质亦然。而它们同样也可以不做净化之用;有很多仪式致力于得到同一种结果……因此,这个例子是由一个不变的要素 *a* 和一个可变的要素 *b* 构成的,后者包括了用来恢复个人的完整性的手段,以及该手段的有效性可能得到解释的推论。人类有一种模糊的感觉,觉得水可以像清洗物质的污垢一样来清洗道德。然而,他并不视之为规则,以那样的方式来为自己的行为辩护。这解释可能太简单了。所以他会去找一些更复杂、更自命不凡的解释,并乐于发现他所寻找的东西。[①]

现在,一些广为人知的哲学困难便由这样一种企图而起:企图把

---

① Vilfredo Pareto. *The Mind and Society*. New York: Harourt Brace, 1935, Section 863.

所有层面上的推理都当作是无用的而加以拒斥，就像是反对一种在可接受的层面上对那种推理的特别诉求。比方说，想想看常见的那种困难，它牵涉到对感觉和记忆之可靠性的一般的怀疑。但帕累托毫无疑问会坚持说，他的观点在一大堆经验证据的支持下绝不会是空泛的。然而，他那关于派生的东西的相对可变性和持存的东西的不变性的论点，并不像他所认为的那样是对观察的结果的直接报告；这其中还包含了对那些结果的概念上的错误解释。不变的要素 a 和可变的要素 b 并不是由观察而区分开来的，而是一种（非法的）抽象的产物。在上面引用的净化之持存的东西的例子中，那个不变的要素并不直接是一组物理的行为，因为它可以具有多种不同的物理形式（正如帕累托不情愿指出的）。单纯的洗手行为并不能成为净化之持存的东西的一个例子，除非它具有象征性的意图——作为道德或宗教净化的象征。这里的要点是如此重要，我将另举一个例子来解释"性之持存的东西"。帕累托并没有像人们所预期的那样提到在单纯的生物性的性交中的普遍因素，即存在于不同时代和不同社会的种种与性关系有关的社会风俗和道德观念中的普遍因素。他明确地把这排除掉了。作为持存的东西，一种行为方式必须具有准理智的（quasi-intellectual）或者象征性的内容。"尽管对人类来说，单纯的性欲强有力地发挥着积极的作用，但它并不是我们在这里所要考虑的……我们感兴趣的只是它对理论和思维模式的影响。"[①]例如，帕累托所考虑的一种占主导地位的持存的东西，是对性关系的禁欲态度：这种观念认为性关系是某种罪恶的或者至少是道德败坏的东西，应该遭到回避。但是这个不变的要素，却并不是帕累托离开那些为禁欲主义辩护或做出说明的，在不同的社会里各不相同的道德和理论观念体系而独立观察得到的。这是他通过概念的分析而从那些观念

100

---

① Vilfredo Pareto. *The Mind and Society*. New York：Harcourt Brace，1935，Section 1324.

体系中分析得出的。

但观念不能通过这种方式从它们的处境(context)中剥离开来：观念和处境之间的关系是内在的关系。观念是通过它在体系中扮演的角色来获得意义的。下面的这种做法将毫无意义：罗列一些观念体系，找出其中用同一种术语形式来表达的一个要素，然后就声称发现了一个在所有体系中都相同的观念。这样做就好比在观察亚里士多德和伽利略的机械理论体系时，发现他们都用了一个力的概念，于是就得出结论说他们对这个概念的用法也是相同的。人们可以想象帕累托对这种浅薄不堪的做法会发出何等狂怒的咆哮，但他自己却正是在犯着这种浅薄不堪的错误，比如当他把"一个美国百万富翁和一个普通美国人"之间的社会关系与一个高种姓印度人和一个低种姓印度人之间的社会关系做比较时，①这类比较在他的整个理论方法中是本质性的。

同样的要点可以表达如下。两个事物，只有当参照了一套标准时，才能说是"相同的"或"不同的"，而该标准决定了何者可被视为一种相应的差异。当相关的"事物"纯粹是物理的时，所要求的标准自然将是观察者的那些标准。但当人们在处理智性的(或者说，事实上就是任何一种社会的)"事物"时，情况就不一样了。它们之为智性的或社会的而不是物理的，就在于它们之属于某种特定的观念体系或生活模式。它们只有参照那决定这些观念体系或生活模式的标准，才能获得自己作为智性或社会事件的存在。这意味着，如果一个社会学研究者想要把它们看作是社会事件(正如——根据假说 *ex hypothesi*——他所必须的那样)，他就必须严肃地对待在他所研究的生活方式中那被用来区分"不同"类型的行为和鉴定"相同"类型的行为的标准。他不能武断地把自己的标准从外部强加上去。要是他这么

---

① Vilfredo Pareto. *The Mind and Society*. New York: Harcourt Brace, 1935, Section 1044.

做,他所研究的事件就会失去它们作为社会事件的特性。一个基督 102
徒会断然否认他信仰中的洗礼仪式与异教徒洒驱邪之水或为献祭而
放血的做法在性质上是相同的。帕累托在主张与此相反的意见时,
不经意地失去了那使他的论题具有社会学旨趣的东西,即,它们与一
种生活方式之间的内在联系。

安斯康姆(G. E. M. Anscombe)小姐在一篇未发表的论文里解
释了怎么会有这些行为的,她举了算术的例子——它们不像杂技之
类的其他行为,观察者除非自身具有演算它们的能力,否则便不能理
解它们。她提到,任何并非建立在算术(或任何其他这类)能力上的
对算术之类行为的描述,必定是无意义和武断的,如果步骤(steps)不
再表现为有意义的选择,在此意义上,这种描述也是强制性的(com-
pulsive)。这也正是帕累托描述为持存的东西的社会行为所给人的
印象;但这印象并不是牢靠的,而是建立在概念的误解之上的一种视
觉幻象(optical illusion)。

我认为,这说明帕累托的方法的整个前提都是荒谬的,即,他认
为可以把命题和理论看作是与其他种类的事实没什么不同的“实验
事实”。[①] 这种前提对他来说并不奇怪:它早就包含在比方说涂尔干
的社会学方法的第一条规则中:“把社会事实看作是物。”帕累托的讨
论和其他类似的讨论一样是荒谬的,因为它们包含一个矛盾:一旦一
组现象是“从外部”、“作为实验事实”被观察到的,它就不可能同时被 103
描述为构成了一种“理论”或一组“命题”。在某种意义上,帕累托还
没有彻底贯彻他的经验主义。因为在社会学观察者的感觉中呈现出
来的东西,根本不是人们持有某种理论、相信某种命题,而是人们在
做某种动作和发出某种声音。事实上,甚至把他们描述为“人们”也
已经走得太远,因为这个词是对“生物体”(organism)这一社会学的
和社会心理学的术语的流俗解释:但作为与“人们”相对的“生物体”

---

① Vilfredo Pareto. *The Mind and Society*. New York:Harcourt Brace,1935,Section 7.

本身,却并不相信什么命题或持有什么理论。要用"命题"和"理论"之类的概念术语来描述社会学家所观察到的东西,就意味着要用到一系列与"外部的"、"实验的"之类的观点相矛盾的概念。而另一方面,拒绝用这类术语来描述观察到的东西,就意味着抹杀它们的社会意义。这意味着对社会的理解不可能在广泛地被接受的意义上是观察的或实验的。

我所说的东西的还需要进一步证明。我的意思当然不是说,假如你不同意某个人或某一群人的某种信念,那么他们持有某种信念——比方说:大地是平的——这一事实就不能成为你的素材(datum)。而这就是帕累托认为自己正在做的事情;但实际上他所做的远不止这么多。他不只是在一种给定的话语模式(mode of discourse)之内谈论一种特定的信念,而是在所有的话语模式中都这样做。他所错失的要点是,在人们能够谈论一种话语模式中构成素材的那些理论和命题之前,必须要理解该话语模式。他并没有真正考虑这个基本问题:什么是对一种话语模式的理解?他仅仅把它看成是一件在观察的基础上进行概括的事情;这一观点在第三章里已经被摈弃了。

不幸的是,这里已经没有足够的篇幅来进一步讨论像帕累托这样企图从社会学家对社会生活的说明中剥去人类观念和理智的例子了。但读者们会发现,经过我所说的东西的启发之后,再来阅读涂尔干的《自杀论》,将是大有教益的。特别重要的是要注意涂尔干的结论之间的联系——那些深思熟虑的行为可以被看作是"纯粹形式的,没有对象而只有对一种由于意识所不知道的原因而先已形成的决心(resolve)的确认",并且,他最初出于研究的目的对"自杀"一词的定义,不同于在他所研究的社会中该词所具有的意义。①

①　Emile Durkheim. *Suicide*(自杀论). London:Routledge & Kegan Paul,1952.

3. 马克斯·韦伯:理解(*Verstehen*)和因果性说明

马克斯·韦伯对"理解"一词应用于社会生活时的特殊意义是讨论得最多的。我已经提到他对有意义的行为的说明,以及他在接下去的两节中所提到的对社会学的理解概念的讨论。[①] 我想集中讨论的第一个论题,是韦伯对以下二者间的关系的说明:获得对一个行为的意义的"阐释性理解(interpretative understanding)"(*deutend verstehen*),与提供导致这个行为及其后果的因果性说明(*kausal erklären*)之间的关系。

韦伯从未对阐释性理解的逻辑的特性有过清楚的说明。他很多时候只是把它当作是一种心理学的技巧(technique):把自己置于他人的位置上。这使得很多作者宣称,韦伯把仅仅用于构造臆测的技巧,与这些臆测之证据的逻辑特性混淆了起来。因此波普尔说,尽管我们可以借助于对自己精神活动的了解来建构出对他人的相似活动的臆测,但"这些臆测必须被检验,它们必须服从于通过排除来进行选择的方法(the method of selection by elimination)。(根据直觉,有些人甚至根本无法想象会有人不喜欢吃巧克力)"[②]。

然而,这些对韦伯的庸俗化的批评根本不能反对他的观点,因为他一直坚持说单纯的"直觉"是不够的,它必须经过细致的观察的检验。不过,我所要批评韦伯的是,他所提出的对社会学阐释之有效性的检验过程的说明是错的。而对韦伯之错误的纠正将使我们远离——而不是接近——波普尔、金斯伯格(Ginsberg)和其他持类似观点的人。

105

---

① Max Weber. *Wirtschaft und Gesellschaft*. Tübingen:Mohr,1956.

② Karl Popper. *The Poverty of Historicism*. London:Routledge & Kegan Paul,1957,Section 29.

韦伯说:

> 所有的阐释(interpretation)都希望成为不证自明的或当下有理的(immediate plausibility)(*Evidenz*)。但构成行为之意义的阐释,哪怕再像你希望的那样不证自明,也不能恰切地和具有因果关系之有效性的阐释相提并论。它本身不外乎是一种貌似有理的臆测。[①]

106　　他进一步认为,对这种臆测的适当的检验方法,是对所发生的事确立一种以观察为基础的统计学法则。这样他就得出了一个社会学法则上的概念:"与一种可理解的、有意图的意义相对应的统计学规律性。"

　　韦伯提出的有一点明显是正确的:看上去显而易见的阐释未必就是对的。林德对西部印第安人伏都教巫术(voodoo magic)的阐释就是这样的例子,他视之为"一个假定是真实与可靠的偶然次序的系统"[②]。同样的例子也大量存在于弗雷泽(Frazer)的《金枝》中。但我要质疑韦伯所持的这样一个假设:理解是一种在逻辑上不完全的东西,它需要另一种不同的方法补充,即统计学的收集方法。与此相反,我所要坚持的是:如果一种给定的阐释是错的,那么统计学——尽管能指出它是错的——也绝不像韦伯所说的那样是评判社会学阐释之有效性的决定性的、终极的法庭。这时需要的是一种更好的阐释,而不是在类型上不同的东西。一种阐释与统计结果相一致,并不能证明它就是有效的。一个把原始部落的巫术仪式解释为误置的科学活动的人,并不能在统计学的纠正下知道部落的成员在各种不同的场合下会怎么做(尽管这可以构成论证的组成部分);最终的要求其实是一种哲学的论证,就像柯林伍德在《艺术原理》(*The Princi-*

---

　　① 　Max Weber. *Wirtschaft und Gesellschaft*. Tübingen:Mohr,1956,Chapter Ⅰ.
　　② 　R. S. Lynd. *Knowledge for What?*. Princeton:Princeton University,p. 121.

ples of Art)中的论证那样。① 因为对一种社会活动形式的错误阐释，与哲学所处理的那类错误具有接近于同源的相似。

维特根斯坦曾经说过，当我们陷入那些来自于我们语言的概念的用法的哲学困难时，我们就好像是一群面对异族文化的野蛮人。我正在指出的是这其中的一个必然推论：错误地阐释了一种异族文化的社会学家，与陷入那来自于自己的概念用法的困难的哲学家是相像的。他们当然有不同之处。哲学家的困难总是关于一些他非常熟悉的东西的困难，只是他当时不知道关于这些东西的恰当的视点（perspective）。社会学家的困难总是来自于一些他所完全不熟悉的东西；他也许根本没有合适的视点可用。这有时使他的任务比哲学家的任务更困难，有时也使他的任务比哲学家的任务更简单。但他们的问题之间的类似应该是清楚的。

维特根斯坦在他的哲学阐释中的一些做法支持了这一观点。他倾向于通过这样一种方法来让我们注意到我们概念的某些特征：把这些概念与一个想象中的社会所使用的概念做比较，在这个想象中的社会里，我们所熟悉的思维方式被巧妙地歪曲了。比如他让我们想象这样一个社会，在这个社会中人们是这样来卖木材的：他们"把木材任意地堆成一堆堆的，每一堆的高度各不相同，然后他们按每一堆木材的占地面积来确定价格。假如他们这样来为自己的行为辩解——'当然，你买的木材越多，付的钱也必须越多'——该怎么办呢？"②对我们来说，重要的问题是：在何种情况下一个人可以说自己理解了这种行为？ 正如我已经指出的，韦伯经常好像在说终极的检

① R. G. Collingwood. *The Idea of History*. Oxford：OUP，1946，Book 1，Chapter Ⅳ.［原文中此处引文与参考书目中的序列似有偏差。根据正文，作者在此所引材料应出于《艺术原理》，但正文旁注列出的书目序列号指向的是柯林伍德《历史的观念》(*The Idea of History*)一书。由于手头缺少原始材料，故无法求证孰是孰非，仅提请读者留意。（译者注）］

② Ludwig Wittgenstein. *Remarks on the Foundations of Mathematics*（关于数学基础的评注）. Oxford：Blackwell，1956，Chapter Ⅰ，pp. 142-151.

107

验就是我们构造统计学规律的能力,这能力使我们能够以可能的精确性来预测人们在某种给定的情形下会如何行动。在这个思路上,他试图把"社会角色(social role)"定义为在给定的情形下采取某种行为的可能性(机运,Chance)。但在维特根斯坦的例子中,就算我们能通过这种方式做出精确度更高的预测,我们也不能声称自己对那些人的行为有任何真正的理解。这其中的区别,就好比是能把一种语言中词的出现率用公式总结为统计学的规律,与能理解人们说这种语言时究竟说的是什么之间的区别。后者永远不能被化约为前者;懂汉语的人并不是对汉语中各种词出现的统计学可能性知道得一清二楚的人。事实上,一个人可以在根本不知道他是在处理一种语言的情况下掌握这种统计学规律性;而且,对他正在处理一种语言这一事实的知道(knowledge),本身就不能被统计学公式化。在这种情形下,"理解"意味着把握人的行为和话语的要点(point)或意义(meaning)。这是一个与统计学的因果法则的世界相殊异的概念:它更接近话语(discourse)的领域并且起到联结一个话语领域之各部分的内在关系的作用。意义的概念应该在准因果关系(quasi-causal)的程度上与功能的概念仔细区分开来,它在社会人类学和社会学中的用法,我在这里将不再赘述。

4. 马克斯·韦伯:有意义的行为和社会的行为

为了更好地引出我所意谓的东西,我将考察韦伯的另一方面的观点:他在仅仅是有意义的行为与既是有意义的又是社会的行为之间做出的区分。很明显,任何这样的区分都是与本书第二章的讨论不相容的;所有有意义的行为必定都是社会的,因为它们只有在规则的支配下才可能是有意义的,而规则就预设了社会的背景。韦伯清楚地认识到了这个问题对于社会学的重要性,尽管我认为他在这方面所做的努力走上了歧路。有趣的是,他在这样做的同时,又开始以一种与他对理解的谈论不一致的方式来谈论社会情境（social situation）；这正是人们在我的讨论中可以看到的：理解意味着意义，而意义意味着在社会中建立起来的规则。在这里，我想到了韦伯的一篇重要的论文：《斯塔姆勒的"克服"唯物主义的历史观》（R. Stammlers's "Ueberwindung" der materialistischen Geschichtsauffassung），①在其中他将下面的两个断言联系起来：第一，离开任何社会处境（context），完全抽象地设想一个人能够遵循某种行为的规则，这没有任何逻辑上的困难；第二，操纵自然界的对象（比方说机器）以达到一个人的目的的技术，与"操纵"人类（他举了工厂主对待雇员的例子）的技术之间，没有任何逻辑上的分别。他说："'意识的活动（events）'在有些情况下进入了因果链，在另一些情况下没有，这两种情况在逻辑上没有哪怕是最细微的差别"；这就犯了这样一个错误，即认为"意识的活动"只是碰巧在经验上与其他类型的活动有所区别。他没有认识到，"活动"的整个概念在这里具有了不同的意义，这里的意思就好像是，一个人类所遵循的规则之背景，无法就这样与因果法则之背景相结合而不产生逻辑上的困难。韦伯的这样一个企图因此就失败了：他企图推断社会学家用公式来说明人类行为的这种"法则"，与自然科学的"法则"之间，没有任何逻辑上的分别。

为了描述这个他用来支持他的观点的例子，韦伯不再使用那些能够对这种情境做恰当的阐述性理解的概念。他不说工人在工厂里赚钱和花钱，而说他们得到了一块块金属，把这些金属交给别人并从别人手中得到其他的物体；他不说警察保护工人的财产，而说"带着头盔的人"前来将别人从工人手里拿走的一块块金属交还给工人；诸如此类。总而言之，他采用外部的立场，而遗忘了对他所讨论的行为的"主观意图之意义"的说明；而我要说，这是他企图把联系着那些工

110

---

① Max Weber. *Gesammelte Aufsätze zur Wissenschaftslehre*. Tübingen：Mohr, 1922.

人的社会关系从他们的行为所体现的观念——诸如,"钱"、"财产"、"警察"、"买卖"等观念——中剥离开来的自然结果。他们彼此间的关系仅仅是通过这些观念才得以存在的,同样的,这些观念也仅仅在他们彼此间的关系中才得以存在。

我并不想否认,韦伯描述这种情境的"外在化"做法,有时候也是有用的。它可以吸引读者去注意这种情境中的那些过于显而易见和司空见惯以致反而容易被忽视的方面,这种情况很像我前面提到过的维特根斯坦举的那些想象中的古怪例子。与此相像的还有伯利奇(Berthold Brecht)在他的戏剧演出中所致力于营造的间离效果(*Verfremdungseffekt*),或埃文(Caradog Evan)在有关西威尔士(West Wales)的恶意讽刺的故事中,以古怪的方式将威尔士语直译的用法。[①] 所有这些做法的结果都是把读者或观众从司空见惯的自满的近视中惊醒过来。而危险性在于,采取这些做法的人会渐渐认为自己这种看事物的方式比通常的方式更真实。有人怀疑伯利奇有时采取的是近乎上帝的态度(这与他的马克思主义是一致的);自然,这种态度也出现在帕累托对"持存的东西"的处理中;而尽管这种态度在韦伯那里是如此的不明显,它也必然会出现在他对社会关系和人类观念之联系方式的方法论的说明中,以及他把社会理论与自然科学做比较的企图中。这种间离效果(*Verfremdungseffekt*)的唯一合法的用法,就是让人们注意到司空见惯者和显而易见者,而不是说明它对我们的理解是可有可无的。

而且,韦伯的这个错误如果得到纠正,也会有助于反驳那些对他的理解概念的接二连三的批评。比方说,莫里斯·金斯伯格写道:

> 好像存在着一种关于理解的社会学和理解的心理学的基本假定:我们在头脑中所知道的东西,在某种程度上比我们从外部观察到的东西更具有可理解性(intelligible)。但这是对熟悉性

---

① 这个例子是在一次交谈中我的同事 D. L. Sims(西姆斯)提出来的。

(familiar)和可理解性的混淆。并不存在什么通过直接的直觉来建立内在事实间的联系(connexions)的内感觉(inner sense)。这种联系其实是经验的概括,它并不比有关外部事实的类似概括具有更大的有效性。①

我们在这里可以斩钉截铁地说,对社会的理解与对自然界的理解之所以在逻辑上是不同的,不建立于对一种"内感觉"的臆测上(这是一个被彼得·吉奇尖锐地批评过的概念②)。事实上,正如我在第二章的论证中所认为的,我们用来理解自己的精神活动和行为的那些概念,是必须被学得的,而且必须是在社会中建立的,就像那些我们用来理解他人的行为的概念一样。于是金斯伯格所阐述的——服从于某种禁忌的人对特定的食物所产生的那种恶心,对于其他文化传统中的人来说并不是直接可理解的——就远远不是对我所阐述的有关理解的观点的有效的批评,而是与我的观点亦步亦趋。我已经在第三章中处理了这样一个观念:在我们有关人类行为的概念中所体现出来的联系,只是经验概括的结果。

112

---

① Morris Ginsberg. *On the Diversity of Morals*. London:Heinemann,1956,p. 155.
② Peter Geach. *Mental Acts*. London:Routledge & Kegan Paul,1957,Section 24.

第五章
概念与行动

1. 社会关系的内在性

　　人与人之间的社会关系与人的行为所体现的观念这二者,的确是从不同的观点来看待的同一件事情;为了说明这种说法的含义,我现在要考察一下,当一个社会的流行观念发生变化,也就是说当新的观念进入语言而旧的观念从语言中消失,此时所发生的事情的一般性质是什么。对于这里所说的"新观念",我应当做出一种区分。设想一位生化学家进行某种观察和实验,结果他发现了一种导致某种疾病的新细菌。从一种意义上,我们可以说他给这种新细菌取的名字代表了一个新的观念,但在这种情况下,我更愿意说,他在既存的观念框架中做出了一个新发现。这样的说法基于关于疾病的细菌理论在他所使用的科学语言中已经建立好了。现在把这个发现与细菌

理论的首次阐述所带来的影响比较一下,也即与细菌概念当初向医学语言的引入比较一下。后者是一个远为根本的变革,它不仅关系到在看待事物的既存方式内的一个实质性的新发现,而且也关系到

看待关于疾病起因的整体性问题的一种全新的方式，（以及）新的诊断技术的采用，关于疾病的新型问题的追问，等等。简言之，它意味着关于那些以各种方式参与医学实践的人们所采用的新的行事方式。要解释这个新概念以何种方式影响了医疗职业中的社会关系，也包括要去解释这个概念是什么。相反，离开了它与医学实践的关系，这一概念自身将是无法理解的。如果一位医生——第一，宣称他接受疾病的细菌理念；第二，宣称他致力于降低疾病的发生率；第三，却全然忽视了隔离传染病人的必要性——其行为将是自相矛盾和不可理喻的。

又比如，设想一个社会，那儿不像我们这样有专名（proper names）的概念。在那儿，人们是通过一般的摹状短语（descriptive phrases），或者说是通过数字来彼此认识的。则随之而来的还将会有大量其他与我们的社会生活的不同之处。个人关系的整个结构将会受到影响。考虑一下在军队和监狱生活中数字的重要性。想象一下，爱上一个只是通过数字而不是通过名字来认识的女孩，这将会有多大的不同；并且，这将会给——比如说——爱情诗带来什么影响。在这样一个社会中开发专名的使用，这当然会被视为引入了一种新观念，而仅仅在既存框架中引入一个具体的新专名，情况就并非如此。

通过这些例子，我是想要表明，一种其重要性足以使我们把它当作一个新观念的新的谈话方式中，蕴含着一套新的社会关系。一种话语方式的消失同样如此。拿友谊的概念来说：我们在潘能洛普·豪（Penelope Hall）的书《现代英国的社会服务》（*The Social Service of Modern England*）（Roultedge 出版）中读到，与其顾客之间建立一种友谊的关系，这是一个社会工作者的责任；但是她绝不能忘记她的首要职责是遵守她的受雇机构的政策。这是对从前所理解的那种友谊概念的贬低，那种友谊概念不容许有这种双重的忠诚——如果不说是两面三刀的话。随着旧观念被这一新观念所替代，社会关系

115

也相应地贫困化了(或者,如果有人反对在这里掺进个人的道德态度的话,那么至少可以说其社会关系被更改了)。如果说,仅仅一个词语的意义发生变化并不必定妨碍人们以他们想要的方式拥有彼此之间的关系,这也是不正确的,因为这样就忽略了一个事实,即我们的语言和我们的社会关系恰恰是同一个硬币的两面。解释一个词语的意义就是描述它如何被使用;而描述它如何被使用也就是描述它所进入的社会交往。

如果人们之间的社会关系只是存在于他们的观念中并通过他们的观念而存在,那么,既然观念之间的关系是内在的关系,则社会关系必定也是一种内在的关系。这使我与休谟的那种被广为接受的原则处于对立中:"如果我们就对象自身考察对象,并且不超出我们关于它们所形成的观念,那么就不存在这样的对象,其蕴涵(implies)其他任何一个对象的存在。"无疑,休谟的意图是要将这一原则既运用于自然现象中,也运用于人类活动与社会生活中。首先,即使在我们关于自然现象的知识中,休谟的原则也并非无条件的正确。如果我听见了一个声音并把它认作雷鸣,甚至在我把我所听到的称为"雷鸣"时,我就已经相信了一系列其他事件的发生,比如大气中的放电现象。这就是说,基于听到的声音"我所形成的观念",我能够从中合法地推出"其他对象的存在"。而如果我随后发现在我听见这声音时,附近空中没有雷电,我就只好收回我听见的是雷声这一断言。用吉尔伯特·赖尔的术语来说,词语"雷鸣"是有理论内涵的(theory-impregnated);确定发生了雷鸣的陈述与确定其他事件发生的陈述之间有逻辑的关联。当然,这不是说要重新引入任何谜团般的(in rebus)神秘的因果关系,休谟反对这样的因果联系是正当的。这里不过是指出休谟忽略了这样一个事实,即"我们形成一个对象的观念"并不仅仅由我们从对那个孤立的对象的观察而得的要素所构成,而且也包括了这一对象与其他对象之联系的观念(若不是如此,人们就几乎不能形成一种语言的一个概念)。

　　现在我们来考察关于人类社会中行为之间关系的一个非常简单的典型事例，这是发出命令的行为和服从这一命令的行为之间的关系。一位中士向士兵们喊道"向右看齐"，而后者便都将眼睛转向了右边。现在，如果根据服从命令的概念来描述这些士兵的行为，人们当然要说有一个命令被发出了。到此为止，这一情况看上去刚好对应于雷鸣与雷电之间的关系。但现在我们必须做出一个区分。作为一个服从行为的事件的特征内在于事件，而像雷鸣这样的自然事件的特征则不是这样；这也一般地适用于与自然事件相对的人类行为。在后一种情况下，对于要考察的事件，尽管人只能依据自己确实具有的对它们的概念来对其进行考察，然而事件本身具有独立于那些概念的存在。在有人形成了关于雷鸣与雷电的概念或在二者之间建立起任何联系之前，雷鸣与雷电早就已经存在了。但是要假设人类在形成关于命令与服从的概念之前就已经在发出命令和服从命令，这就是没有意义的。因为实施这些行为本身就是人类拥有那些概念的主要表现。服从行为本身包含了"有一个命令在其之前发生"这一认识作为其本质因素。但是如果假设一声雷鸣包含了"在其之前有雷电发生"的任何认识，这就是毫无意义的；是我们关于那种声音的认识，而不是那种声音本身，包含了有什么在其之前发生的认识。

　　人与人之间能够通过行为相互联系在一起，与诸命题能够被相互联系在一起，在方式上是完全同类的；有人反对这一看法，其部分原因可能是他们对"什么是诸命题本身之间的逻辑关系"的问题持有不恰当的概念。人们倾向于这样看待逻辑的规则，认为它们形成一种给定的、严格的结构，并且人们努力使他们在实际的语言与社会交往中所说的东西与这种结构相一致，而且这种企图也或多或少（但绝非完全）地获得了成功。人们将命题视为无形状的东西（something ethereal），而正是由于其无形状的、非物质的本性，这种东西可以比人们能够构想的任何十足物质性的东西——诸如具有血肉之躯的人及其行为——更加严格地相互契合。在某种意义上，人们这样想是

117

118　　对的;因为用一种形式的系统方法处理逻辑关系是在一个抽象程度很高的层次上进行思维,在该层次上,所有构成人们实际社会交往之特征的不规则性、不完美性以及粗糙性等,都被消除了。但是,就像任何抽象可能不被恰如其分地认识一样,形式系统的这种抽象也会误导人们。它会使人忘记,那些形式系统只有从它们在血肉之躯的实际交往中的根源那里,才能获取它们所拥有的生命;因为,一种逻辑关系的整个观念,只有仰赖人及其行为之间的那种一致才是可能的,这是维特根斯坦在《哲学研究》中讨论过的。柯林伍德对于形式语法的评论是恰切的:"我把一个语法学家比作一个屠夫;但如果是这样,他就是那种不寻常的(curious)屠夫。旅游者说某些非洲民族会从活生生的动物身上割下一块肉排烹煮而食,此时这个动物不能再惨了。这或许能修正先前的那个的比喻。"①一旦我们发现命题本身之间的逻辑关系依赖于人与人之间的社会关系,那么认为社会关系应该像命题之间的逻辑关系就不怎么奇怪了。

　　当然,我的说法与卡尔·波普尔的"方法论个人主义公设(postulate of methodological individualism)"相冲突,并且看来是犯了他所谓的"方法论本质主义(methodological essentialism)"的错误。波普尔坚持,为了说明某种经验,社会科学的理论要运用研究者所阐明的理论化建构或模型,他明确地将这一方法与自然科学的理论模型的建构相比较。

119　　　　模型的这种应用既说明了,同时也摧毁了方法论本质主义的那些主张……说它说明了那些主张,因为模型有一种抽象或理论化的特点,我们往往相信我们看见了它——要么在可观察的流变事件之中,要么在其之外——就如看见一种可观察的幽灵或本质。而之所以模型的运用也摧毁了那些主张,是因为我们的任务是用描述性的或唯名论的(nominalist)方式来详尽地

----

① R. G. Collingwood. *The Principles of Art*. Oxford:OUP,1938,p. 259.

分析我们的社会学模型，换言之，根据那些个人，他们的态度、期望、关系等来进行分析——这一公设或许可被称为"方法论个人主义"。[①]

波普尔称社会制度只是由社会科学家为了自己的目的而引入的说明性的模型，这显然是错误的。体现在制度中的思维方式支配着作为社会科学家研究对象的社会成员的行事方式。比如说，战争的观念（这也是波普尔的一个例子）并非仅仅是那些在社会陷入武装冲突时想要说明所发生之事的人们的一个发明。这一观念提供了一个标准：对冲突社会中的成员来说，什么是恰当的行为？我的国家处于战争中，因而我必须做某些事而必须不做某些事。可以说，我的行为是由我把自己当作一个交战国公民的概念来支配的。战争的概念本质上从属于我的行为。但是重力的概念并非在本质上以同样的方式从属于一个掉落的苹果的行为，而是属于物理学家对苹果的行为所做的说明。认识到这一点，波普尔，请恕我这样说，跟相信现象背后的幽灵没有任何关系。甚而，要阐明个人的态度、期望、关系，如果不参照进入了这些态度等的那些概念，那就不可能有什么进展。而那些概念的意义当然不能按照任何个人的行为来说明。[②]

2. 话语式"观念"和非话语式"观念"[③]

在这一论证过程中，我把"社会关系是内在的"和"人的相互交往（mutual interaction）'体现着观念'"这两个论断联系在一起，同时指出，把社会交往比作对话中观念的交流，较之将它比作物理系统中力

120

---

① Karl Popper. *The Open Society and Its Enemies*. London: Routledge & Kegan Paul, 1945, Section 29.

② Maurice Mandelbaum. "Societal Facts"（社会的事实）. *B. J. Social.*, 1955, Ⅵ, 4.

③ 这里的"话语式"原文为"discursive"，该词还有"推论的"之义，但在此处的上下文中很明显是指"话语性的"这样的含义，想是作者利用了这个词与"discourse"（话语）这个词在词源上的关系，因而本书译为"话语式"。（译者注）

的相互作用更加有益。这看起来可能会使我处于把社会生活过度理智化的危险,尤其是因为迄今为止我讨论的例子都是表达话语式观念(discursive ideas)——具有直接的语言表达的观念——的行为的例子。正是由于语言的使用如此密切,如此不可分割地与非语言的另外一方,也就是人们所从事的活动联系在一起,我们才有可能认为人们的非语言行为也表达了话语式观念。除了我已在其他场合给出的例子,人们只需要回忆一下:学习任何人类所特有的活动,通常在非常大的程度上也涉及交谈,例如,涉及对各种可供选择的做事方式的讨论,涉及对好工作之标准的谆谆教诲,涉及给出理由,等等。但是,在表达了话语式观念的行为与未表达话语式观念的行为之间,没有什么截然的界限;鉴于未表达话语式观念的行为与表达了话语式观念的行为足够相像,有必要视前者类似于后者。因此,尽管说某种社会关系表达了某种话语性质的观念显得有些不自然,它仍然更加接近于那个一般的范畴而不是接近于物理力的相互作用范畴。

121 　　柯林伍德在讨论语言和衣服的相似性时为此提供了一个令人印象深刻的例证。① 现在我们再来看一看下面这个来自电影《原野奇侠》(Shane)的镜头。一个孤单的牧马人来到美国大草原上一位小农场主的离群索居的家宅,这个农场主正遭受着新兴的大牧主阶层的劫掠。尽管他们几乎没有相互说过一句话,同病相怜的纽带却在这个陌生人和农场主之间产生。陌生人默默加入了对方,竭尽全力去铲除院子里的一个树桩;在休息的间歇,他们偶然目光相遇,彼此羞涩地对着对方笑了。在这里,出现于二者之间的,在那一瞥中所表达的是一种怎样的理解? 对此人们企图给予的任何明确的说明无疑都将是极其复杂难解和不得要领的。然而,我们理解它,正如我们会理解一个意味深长的停顿的意义(想一想使这个停顿意味深长的是什

---

① Karl Popper. *The Open Society and Its Enemies*. London:Routledge & Kegan Paul,1945,p. 244.

么），或者如我们会理解一个体现了意念的手势的意义。"有一个故事，讲佛陀有一次在哲学讨论的高潮中……手拈一朵花，看着它；这时一个门徒微笑了，佛陀就对他说：'你已经理解了我。'"①我要坚持的是，在一场谈话中，评论（或停顿）的意义有赖于它跟此前发生的事情之间的内在关系，电影的镜头中同样如此——目光的交换，其全部意义来自于它和它所出自的整个情境之间的内在关系：孤独、危险的威胁、在困境中分担共同的生活、体力劳动的畅快淋漓，等等。

可能有人认为，对于某些在社会学和历史领域中特别重要的社会关系，前述的考察是不恰当的，就比如，在战争中，交战双方的争端甚至从非常宽泛的意义上来说都不是精神性的（例如，有人可能会说，十字军东征就是如此），而纯粹是一种为了物质生存而进行的斗争，就像饥饿的移民与他们所侵入的土地的地主之间的战争。② 但即使在这里，尽管争端的意义纯粹是物质性的，然而斗争的形式仍然涉及内在关系，而这种关系并不适用于，比如说，两头野兽为争一块肉而进行的搏斗。因为交战诸方是社会群，在其中除了吃、住和繁衍后代，还进行着许多别的事情；在其中人们的生活按照象征性的观念（symbolic ideas）而进行，那些观念表达了人与人之间的某种态度。这些象征性关系甚至会影响到那些基本的"生物"行为的特征：按照马利诺夫斯基（Malinowski）的新马克思主义术语，把它们解说为履行那种为基本的生物需求提供满足的"功能"，这并没有使这些行为在某一个社会中所采取的特定形式得到清晰的阐明。当然，我假设的各交战社群之间的"团体外态度"（out-group attitude），跟"团体内态度"（ingroup attitude）不会是相同的（请原谅我暂时陷入社会心理学的专业术语）。然而，敌人是人，有着他们自己的观念与制度，并且

① Collingwood, R. G. *The Principles of Art*. Oxford: OUP, 1938, p. 243.
② 这个例子是在与我同事 J. C. Rees（里斯）教授的一次讨论中得到的，而认识到整个这一节的必要性也确实得自这一次讨论。

人们是可能与之交流的,这一事实会影响另一个社群中的成员对他们的态度——即使其唯一的影响是使他们更加凶残。像其他所有的人类活动一样,人类战争是被习俗(convensions)支配的;而当人们处理习俗时,人们也就是在处理内在的关系。

123

3. 社会科学与历史

这样一种对事物的看法,可能会使我们对柯林伍德关于所有人类史都是思想史的观念有一种新的评价。那无疑是一种夸张的表达,而主张历史学家的任务就是对历史参与者的思想进行重新思考(re-think),在某种程度上也是一种唯理智论的(intellectualistic)扭曲。但如果柯林伍德的意思是——理解人类历史事件的方式(即使那些事件不能被自然地描述为话语式观念之间的冲突或者话语式观念的发展),更接近于我们理解观念表述的方式而不是物理进程的方式——那么他就是对的。

有一个方面柯林伍德的确未给予充分的重视,这就是,一种思维方式与其所属的历史处境以何种方式形成一个不可分割的整体的问题。他说历史学家的目标是对曾被思考过的同样的思想进行思考,就像这种思想在当时的历史处境中被思考一样。① 尽管在某种意义上可以说消逝的思维方式可以被历史学家再次捕捉,但历史学家再次捕捉它们时不得不运用历史编纂方法(historiographical methods)这一事实,将使他思考它们的方式被染上色彩。中世纪的骑士为了按照骑士爱情(courtly love)②的概念去看待他的情人,不必使用那些(历史编纂的)方法:他直接就按照这样的词语思念她。历史研究

---

① R. G. Collingwood. *The Idea of History*. Oxford:OUP,1946,Part Ⅴ.

② 骑士爱情特指中世纪文学中那种殷勤的、彬彬有礼的骑士追求贵妇的爱情。(译者注)

也许能够使我对这种思维方式之内涵获得一些理解，但那不会使我用那种词语来思念我的情人。我总会意识到那是一个不合时宜的错误，当然这也意味着，我不该按照跟骑士相同的词语来思念我的情人。自然，我更不可能像他那样思念他的情人。

尽管如此，相对于那种在社会科学的经验主义方法论中最受欢迎的思想来说，柯林伍德的观点更加接近真理。前者大体是这样的：从一方面来看，我们有的只是一种资料库一样的人类历史。历史学家发掘这些资料，并把它们推荐给他的那些更有理论头脑的同事们，那些人则炮制出各种科学的概括和理论，从而在不同种类的社会境况之间建立联系。这些理论然后会被用于历史本身，以促进我们理解历史事件之间相互联系的方式。我已经试图表明——尤其在关于帕累托的论述中——这种观点如何贬低了人类历史中观念的重要性；由于观念与理论在不断地发展和变化，并且，由于其构成要素内在地相互关联的每个观念系统，必须在其之中和就其本身加以理解；这两个理由相结合导致的结果就是使诸观念系统成为一个对普遍的概括而言极不合适的主题。我也已经试图表明，社会关系实际上只是存在于该社会所流行的观念中，且只通过这些观念而真实存在，或者换一种方式说，"社会关系"归于跟"观念之间的关系"同样的逻辑范畴。从而，对于为这些社会关系所形成的那种科学的概括和理论而言，社会关系必定同样是一个不合适的主题。历史说明不是把概括和理论运用到特殊事件中：它是对内在关系的追踪。这就是像用一个人的语言知识去理解一场对话，而不像用机械规律去理解钟表的运作。比方说，正如语言中有习语那样，非语言行为也以同样的方式拥有"习语"（idiom）。我们在把一篇柏拉图对话翻译成现代英语时，要重新把握希腊思想中的习语想来是很难的，同样，根据我们在社会中习以为常的行事方式来考察古代社会中人们的行为也会产生误导。想一想人们经常为"原汁原味的"历史再现的真实性感到不安的情感——就像在罗伯特·格雷福斯（Robert Graves）的一些小说中那样——这种不安与怀疑一个作家所描写的外部细节的准确性没有关系。

社会学理论与历史叙述之间的关系并不像科学规律与实验或观察报告之间的关系,而更像逻辑理论与使用具体语言所进行的论证之间的关系。比如,我们看一看根据分子结构和原子价理念对化学反应所做的说明:在某个时刻把两种化学物质放在一起,理论便在此刻所发生的事情与随后的某个时刻所发生的事情之间,建立起了一种联系。只有在理论的意义上人们才能说事件被如此"联系起来"(与一种纯粹的时空联系形成对照);把握这种联系的唯一方法是学习这一理论。但是,把一种逻辑理论应用到一次具体的推理,情况就不一样了。为了领会论证的步骤之间的联系,人们无须懂得理论;相反,只有当一个人已经掌握了在具体语言中具体的陈述之间的逻辑联系,他才有能力理解逻辑理论的全部有关的东西(我在前面提到过的刘易斯·卡罗尔的论证已经表明了这一点)。在自然科学中是你的理论知识使你能够说明你先前未曾遇到的事件,而另一方面,逻辑理论的知识却不能使你理解在一种未知语言中的一段推理;你必须学习那种语言,这一点本身会足以使你能把握那种语言的论证中各部分之间的联系。

现在来看一个出自社会学的例子。乔治·西美尔(Georg Sim-mel)写道:

> 信仰(convictions)的差异恶化为仇恨和战争,这只发生在双方有本质的、原始的相似性时。当从先前的团结产生敌意时,(在社会学上意义重大的)"尊重敌人"通常是不存在的。当相似性继续增大到足以造成二者之间的混淆和可能分不清轮廓的时候,就需要强调其中的差异之处,这不是因为彼此之间的争端,而是因为彼此之间有混淆的危险。比如说,伯尔尼(Berne)的天主教教义事件就是如此……罗马天主教不必害怕与诸如归正会(Reformed Church)这样很不相同的教会之间的外在的接触会给它的认同带来什么威胁,而却要当心像古老公教会(Old-

Catholicism)这样与它相近的同宗所带来的威胁。[①]

这里我要说，人们并不是由于西美尔的概括才理解了他所指出的罗马天主教信仰与古老公教会信仰间的关系：只有在理解了这两种信仰体系自身及其历史关系的意义上，才能说理解这种关系。"社会学规律"或许有助于使人注意到历史境况的特征，没有它人们可能会忽视这些特征；这一规律还可能提供有用的类比，比如，在这里人们可能会由此想到，将西美尔的例子与俄国共产党跟一方面是英国工党，另一方面是英国保守党之间的这些关系相比较。但是没有什么历史情境能简单地通过"运用"这样的规律而获得理解，就像将规律运用于自然科学中的具体事件那样。事实上，只有在一个人对这样的境况有一个独立的历史性把握的意义上，他才能理解规律究竟意味着什么。这与一个人在能够理解一种科学理论之前，必须要知道该理论是建立在何种实验的基础上的情况不同，因为在这儿，除非在科学理论的意义上，否则谈论实验中各部分间的联系是毫无意义的。但是一个人能够很好地理解罗马天主教与古老公教会之间关系的性质，而无须听说过西美尔的理论，或任何与此类似的东西。

4. 最后的评论

在这本书中，我没有试图考察存在于社会研究的具体学科——诸如社会学、政治理论、经济学等——之间的毋庸置疑的差别。我更想做的是揭示一种总体上的社会研究的概念的某些特征。个别性的方法论差异，在它们自己的语境中可能是重要的，但我并不认为它们能够影响到我在这里所述说的东西的宽泛轮廓。因为这里的东西属于哲学，而不属于通常所理解的"方法论"这个词所指的东西。

---

① Georg Simmel. *Conflict*(冲突). Glencoe：Free Press，1955，Chapter Ⅰ.

参考书目

129　［1］Acton, H. B. *The Illusion of the Epoch*（时代的幻想）. London：Cohen & West, 1955.

［2］Aron, Raymond. *German Sociology*（德国社会学）. London：Heinemann, 1957.

［3］Ayer, A. J. *The Problem of Knowledge*（知识的问题）. London：Macmillan & Penguin Books, 1956.

［4］Ayer, A. J. "Can There be a Private Language?"（能够存在一种私人语言吗?）. *Proceeding of the Aristotelian Society*, 1954, Supplementary Volume XXVIII.

［5］Carroll, Lewis. "What the Tortoise Said to Achilles"（乌龟对阿基里斯说了什么）. *Complete Works*. London：Nonesuch Press, 1990.

［6］Collingwood, R. G. *The Idea of History*（历史的观念）. Oxford：OUP, 1946.

［7］Collingwood, R. G. *The Principles of Art*（艺术原理）. Oxford：OUP, 1946.

［8］Cranston, Maurice. *Freedom：A New Analysis*（自由：一种新的

分析）. London: Longmans, 1953.

［9］Durkheim, Emile. *Suicide*（自杀论）. London: Routledge & Kegan Paul, 1952.

［10］Geach, Peter. *Mental Acts*（精神行为）. London: Routledge & Kegan Paul, 1957.

［11］Ginsberg, Morris. *On the Diversity of Morals*（论道德的差异性）. London: Heinemann, 1956.

［12］Hume, David. *Enquiry into Human Understanding*（人类理智研究）.

［13］Laslett, Peter(ed.). *Philosophy, Politics and Society*（哲学、政治和社会）. Oxford: Blackwell, 1956.

［14］Levi, E. H. *An Introduction to Legal Reasoning*（法律推理导论）. Chicago: University of Chicago Press, 1961.

［15］Lynd, R. S. *Knowledge for What?*（知识为了什么?）. Princeton: Princeton University, 1945.

［16］Malcolm, Norman. Article in the *Philosophical Review*（发表于《哲学评论》中的文章）, Vol. LXIII, 1954, pp. 530-559.

［17］Mandelbaum, Maurice. "Societal Facts"（社会的事实）, *B. J. Social.*, 1955, VI, 4.

［18］Mill, J. S. *A System of Logic*（逻辑体系）.

［19］Newcomb, T. M. *Social Psychology*（社会心理学）. London: Tavistock Publications, 1952.

［20］Oakeshott, Michael. "The Tower of Bable"（巴别塔）, *Cambridge Journal*, Vol. 2.

［21］Oakeshott, Michael. "Rational Conduct"（理性行为）, *Cambridge Journal*, Vol. 4.

［22］Oakeshott, Michael. *Political Education*（政治的教育）. Cambridge, England: Bowes and Bowes, 1951.

130

［23］Pareto, Vilfredo. *The Mind and Society*（心灵与社会）. New York：Harcourt Brace,1935.

［24］Parsons,Talcott. *The Structure of Social Action*（社会行为的结构）. London：Allen & Unwin,1949.

［25］Popper,Karl. *The Open Society and Its Enemies*（开放社会及其敌人）. London：Routledge & Kegan Paul,1945.

［26］Popper,Karl. *The Poverty of Historicism*（历史决定论的贫困）. London：Routlede & Kegan Paul,1957.

［27］Renner,Karl（序言由 O. Kahn-Feund 所作）. *The Institutions of Private Law and Their Social Function*（私法体制及其社会功能）. London：Routledge & Kegan Paul,1949.

［28］Rhees,Ruch. Can There be a Private Language?（能够存在一种私人语言吗?）. *Proceedings of the Aristotelian Society*,1954,Supplementary Volume XXVIII.

［29］Ryle, Gilbert. *The Concept of Mind*（心的概念）. London：Hutchinson,1949.

［30］Sherif,M. & Sherif,C. *An Outline of Social Psychology*（社会心理学大纲）. New York：Harper,1956.

［31］Simmel,Georg. *Conflict*（冲突）. Glencoe：Free Press,1955.

［32］Strawson,P. F. "Critical Notice"（批判的评注）. *Mind*, Vol. LXIII,No. 249.

［33］Weber,Max. *Wirtschaft und Gesellschaft*（经济和社会）. Täbingen：Mohr,1956.

［34］Weber,Max. *Gesammelte Aufsätze zur Wissenschaftslehre*（科学学说论文集）. Tübingen：Mohr,1922.

［35］Weldon,T. D. *The Vocabulary of Politics*（政治学词汇）. London：Penguin Books,1953.

［36］Wittgenstein, Ludwig. *Tractatus Logico-Philosophicus*（逻辑

哲学论）. London：Kegan Paul，1923.

［37］ Wittgenstein, Ludwig. *Philosophical Investigations*（哲学研究）. Oxford：Blackwell，1953.

［38］ Wittgenstein，Ludwig. *Remarks on the Foundations of Mathematics*（关于数学基础的评注）. Oxford：Blackwell，1956.

索　引

（条目后的数字为原书页码，即本书边码）